金蝶 ERP 实验课程指定教材

金蝶 K/3 Cloud 财务管理系统实验教程

傅仕伟　郑　菁　著
郑泽超　陈大亮

清华大学出版社
北　京

内 容 简 介

本书以金蝶K/3 Cloud最新教学版为平台，引入企业的管理案例背景，采用业务流程与管理知识相结合的模式，分章节详细介绍财务管理中的应用知识，包括总账、应收应付、出纳管理、固定资产、报表、合并报表等。

本书适合高等院校经管类相关专业学习，也可用于会计类培训机构的教学。本书教学资源丰富，配备K/3 Cloud教学版安装程序、实验账套、教学课件和考题，以备教学所需。

本书封面贴有清华大学出版社防伪标签，无标签者不得销售。
版权所有，侵权必究。举报: 010-62782989, beiqinquan@tup.tsinghua.edu.cn。

图书在版编目(CIP)数据

金蝶K/3 Cloud财务管理系统实验教程/傅仕伟 等著. —北京: 清华大学出版社，2017(2024.9重印)
(金蝶ERP实验课程指定教材)
ISBN 978-7-302-45796-1

Ⅰ. ①金… Ⅱ. ①傅… Ⅲ. ①财务软件—教材 Ⅳ. ①F232

中国版本图书馆 CIP 数据核字 (2016) 第 293068 号

责任编辑: 崔 伟 马遥遥
封面设计: 周晓亮
版式设计: 方加青
责任校对: 曹 阳
责任印制: 宋 林

出版发行: 清华大学出版社
  网 址: https://www.tup.com.cn, https://www.wqxuetang.com
  地 址: 北京清华大学学研大厦 A 座 邮 编: 100084
  社 总 机: 010-83470000 邮 购: 010-62786544
  投稿与读者服务: 010-62776969, c-service@tup.tsinghua.edu.cn
  质 量 反 馈: 010-62772015, zhiliang@tup.tsinghua.edu.cn
  课 件 下 载: https://www.tup.com.cn, 010-62781730
印 装 者: 小森印刷霸州有限公司
经 销: 全国新华书店
开 本: 185mm×260mm 印 张: 15.5 字 数: 358 千字
  (附光盘 1 张)
版 次: 2017 年 3 月第 1 版 印 次: 2024 年 9 月第20次印刷
定 价: 49.80 元

产品编号: 072752-03

前　言

互联网技术的进步，推动着中国企业的业务模式和个人的消费模式发生了翻天覆地的变化，也造就了诸多互联网巨头公司。同时，这些互联网公司也快速推进着中国企业互联网化的步伐。

"互联网+"概念的提出，是对中国企业向互联网转型的指引。在"互联网+"模式的影响下，传统企业的生存环境发生了很大的变化，从以往单个企业之间竞争的模式转向了产业环境之间的竞争和合作。如果机会把握得好，可以借助互联网获得更多的机会，让企业有更快、更广的发展；如果把握不好，很可能在更加严峻的竞争中被淘汰出局。

在互联网化的产业环境下，企业的管理模式也在不断进化。

首先，企业对于管理的实时性、精确性要求更高了。无论何时、何地，企业高层都希望能通过电脑、手机等移动设备随时获知企业经营的财务数据、业务数据。而经常在外联系业务的营销人员，也希望能随时随地自助查询到所需要的产品报价、库存等信息，以便更有效地推进业务。这些管理需求、业务需求都是促成管理软件不断进步的重要因素。

其次，随着企业业务的逐步扩展以及市场经营范围的扩大，跨地域多组织的运作模式已经成为很多企业的典型架构和管理方式。如何有效管理不同地区的组织，如何在多地域的协作中保持高效率的运作，这些都是企业高层会经常碰到的难题。

再次，多组织的运作模式以及管理的精细化，使企业高层对于考核模式的要求越来越高。多组织的协作模式下，高层不仅仅要了解整个组织法人体系的经营情况和考核数据，还需要了解在组织内部不同产品事业部、不同地区经营单元等角度来评价的经营效率，也就是独立核算的考核模式。

以上这些因素都是促使管理软件企业借助互联网以及移动互联网技术，并融入优秀企业的管理模式，推出创新型管理软件的重要原因。

金蝶作为国内知名的管理软件厂商，不仅在财务管理领域一直保持领先优势，在技术创新和管理模式的融合上也一直处于国内领先的地位，故本书以金蝶具有划时代意义的创新产品K/3 Cloud为蓝本来编写"互联网+"时代下的财务管理系统的相关案例教程。

K/3 Cloud是金蝶采用最新的云计算技术开发的适应在互联网商业环境和"云+端"模式下运行的新一代企业管理软件，致力于打造"开放""标准""社交"的企业管理应用架构，为中国企业提供更加开放、更加强大、更加便捷的管理软件，强化企业的管理竞争力。

在财务管理方面，K/3 Cloud具备以下几个显著的特性。

- 具有动态扩展的财务核算体系。既可以根据对外披露财报的需要构建法人账，也可以依据企业管理的需要构建利润中心管理账，并建立管理所需的多个维度的核算体系，包括按产品线、按地域管理、按行政组织的核算，实现对不同组织的独立业绩考核。

- 精细化的利润中心考核体系。既可以实现按企业、按事业部进行利润中心考核，还可以进一步层层分解，按照阿米巴的经营管理模式，实现按经营单元、按团队进行精细化的利润考核。
- 通过智能会计平台实现真正的平台级财务核算。智能会计平台在总账与业务系统之间搭建起桥梁，既实现了财务与业务的独立性，又能轻松建立连接，加大财务与业务处理的灵活度，真正实现了业务随时发生、财务随时核算的管理需要。
- 多组织财务集中管控。K/3 Cloud通过科目等基础资料的共享、凭证模板的统一、内部账户的管理、资产的跨法人跨组织管理等帮助企业做到资金、账簿和资产的集中管理，实现多组织财务集中管控。
- 真正实现财务国际化。K/3 Cloud的财务国际化体现在多国多地区的会计准则的适用、多国币别的应用、多国科目表体系的建立、支持90%以上国家的会计日历的建立、多种语言的账簿以及多准则财务报表、合并财务报表的编制。

本书采用贴近企业实际业务流程处理的方式进行编写，在书中设计了一个企业的完整案例，每个章节都提供该企业具体的管理和业务流程，同时提供完整的业务数据来详细介绍财务管理系统所涉及的功能和具体操作。这种业务流程化的编写模式有利于让读者对财务管理系统的功能有更深刻的认识，并对企业的实际业务理解更透彻，让学生达到不仅"知其然"，更"知其所以然"，能将所学的知识立刻应用于企业的实际财务处理。

本书共分为14章，详细介绍了总账管理、应收款管理、应付款管理、出纳管理、资金管理、固定资产管理、发票管理、费用报销、智能会计平台、报表、合并报表等系统功能。

本书附赠金蝶K/3 Cloud V6.1安装程序(随书光盘)。其他可提供的教学资源有：

(1) 每个章节的账套数据(可扫描各章所附二维码下载)，便于学生练习。
(2) 教学课件(PPT格式)，便于教师授课。
(3) 考题，便于教师在教完本书后，对学生进行关键知识点的考试。

关于每个章节账套数据的使用，在此特别说明一下：教师可以在讲完一个章节后，就恢复上一章节末的备份账套，让学生开始练习。这种方式有利于分章节独立教学，又保证了财务管理系统业务处理的连贯性。

课件和考题资源

本书结合了作者所在企业的多年信息化实践的经验，非常适于高等院校的财务会计、工商管理、信息管理、物流管理等相关专业作为教学用书，对于学生了解企业的管理与实际业务以及如何与信息系统结合非常有帮助。当然，对于企业财务人员和信息化主管也是一本不错的参考书。

本书在编写的过程中，参考了作者所在公司的一些工作成果，也借鉴了一些企业管理及信息化建设的相关资料和文献。因人员较多，在此不一一表述。因为有了他们的辛勤劳动，才凝结成本书的最终成果。在此，谨对他们表示衷心的感谢！

目 录

第 1 章 系统简介 1
    1.1 产品体系结构 1
    1.2 整体业务架构图 3

第 2 章 实验背景介绍 5

第 3 章 系统管理 7
    3.1 系统概述 7
    3.2 实验练习 7

第 4 章 总账管理 35
    4.1 系统概述 35
    4.2 实验练习 37

第 5 章 应收款管理 63
    5.1 系统概述 63
    5.2 实验练习 65

第 6 章 应付款管理 75
    6.1 系统概述 75
    6.2 实验练习 77

第 7 章 出纳管理 87
    7.1 系统概述 87
    7.2 实验练习 90

第 8 章 资金管理 109
    8.1 系统概述 109
    8.2 实验练习 113

第 9 章　固定资产管理 ······ 127
9.1　系统概述 ······ 127
9.2　实验练习 ······ 131

第 10 章　发票管理 ······ 143
10.1　系统概述 ······ 143
10.2　实验练习 ······ 146

第 11 章　费用报销 ······ 153
11.1　系统概述 ······ 153
11.2　实验练习 ······ 156

第 12 章　智能会计平台 ······ 173
12.1　系统概述 ······ 173
12.2　实验练习 ······ 175

第 13 章　报表系统 ······ 193
13.1　系统概述 ······ 193
13.2　实验练习 ······ 195

第 14 章　合并报表 ······ 211
14.1　系统概述 ······ 211
14.2　实验练习 ······ 214

第1章 系统简介

财务管理信息系统,是一门融电子计算机科学、管理科学、信息科学和会计学为一体的边缘学科。学生对财务管理信息系统基本理论的学习,可以为以后工作中的实际应用打下坚实的基础。随着企业市场竞争的日益激烈,越来越多的公司要求学生一上岗就能熟练操作信息化软件,仅有理论的学习已远远不能满足企业需要。本书以企业的实际运作为蓝本,结合学校实验操作的要求,让学生通过上机实验模拟企业的真实环境提升实践技能。

依据目前国内外企业信息化软件使用的主流情况,本书选择国内知名软件公司——金蝶国际软件集团有限公司的K/3 Cloud系统作为本书学习范本。

与国外软件相比,金蝶K/3 Cloud系统更符合中国国情,适应中国企业,其优异性已通过数十万家客户的应用得到验证。

金蝶K/3 Cloud系统是第一款基于云平台的社交化ERP系统。它是基于Web2.0与云技术的一个开放式、社会化的新时代企业管理服务平台。整个产品采用SOA架构,完全基于BOS平台组建而成,业务架构上贯穿流程驱动与角色驱动思想,结合中国管理模式与中国管理实践积累,精细化支持企业财务管理、供应链管理、生产管理、供应链协同管理等核心应用。

1.1 产品体系结构

金蝶产品根据企业应用规模的大小划分为四个系列,它们分别是适用于小型企业的KIS、适用于中小型企业的K/3、适用于大中型企业的K/3 Cloud以及适用于超大型企业的EAS。同时,金蝶还有第一个基于服务导向架构(SOA)的商业操作系统——金蝶BOS。

下面以金蝶的主流产品K/3 Cloud为蓝本,介绍金蝶软件的应用。

金蝶K/3 Cloud系统,是一款云时代下诞生的新型ERP产品。在功能层面上,把握住了当下中国制造企业的特性与需求,兼容多语言、多会计准则、多税制;支持多组织、多工厂应用,是一款助力企业集团化发展的产品;针对中国企业组织结构、考核体系变化快的特性,能够动态构建核算与考核体系。

在软件运行模式上,K/3 Cloud颠覆了传统ERP的服务模式,免安装客户端,纯Web应用,更支持移动互联下的智能终端应用,用户可以在任何时间、任何地点进行管理运作,突破企业管理的办公室局限和8小时工作时间局限。同时,对用户而言,这是一款完全社交化的ERP产品,用户可以一边向供应商订货,一边与同事、领导、供应商在线协调。此外,这是一款基于角色与业务的全流程驱动产品,对普通用户而言以后不再是自己找工作做,而是"工作找人"。

金蝶K/3 Cloud系统的主要功能涵盖了企业经营管理活动的各个方面。同时,它也在进一步发展中。K/3 Cloud教学版是基于K/3 Cloud软件系统V6.1来定制研发的,未来会跟随其版本同步升级发展。

目前K/3 Cloud系统V6.1的子系统主要包括:
- 总账管理子系统
- 智能会计平台
- 报表管理子系统
- 应收款管理子系统
- 应付款管理子系统
- 出纳管理子系统
- 存货核算子系统
- 产品成本核算子系统
- 标准成本分析子系统
- 固定资产管理子系统
- 发票管理子系统
- 合并报表管理子系统
- 资金管理子系统
- 网上银行管理子系统
- 预算管理子系统
- 采购管理子系统
- 销售管理子系统
- 信用管理子系统
- 库存管理子系统
- 组织间结算子系统
- 工程数据管理子系统
- 生产管理子系统
- 委外管理子系统
- 计划管理子系统
- 车间管理子系统
- 质量管理子系统
- 质量追溯子系统
- 生产线生产子系统

- 促销管理子系统
- 补货管理子系统
- 返利管理子系统
- B2B电商中心
- B2C电商中心
- B2B电商门户

1.2 整体业务架构图

金蝶K/3 Cloud结合当今先进的管理理论和数十万家国内客户最佳应用实践，面向事业部制、多地点、多工厂等运营协同与管控型企业及集团公司，提供一个通用的ERP服务平台。K/3 Cloud支持的协同应用包括但不限于：集中销售、集中采购、多工厂计划、跨工厂领料、跨工厂加工、工厂间调拨、内部交易及结算等。

金蝶K/3 Cloud系统整体业务架构图，如图1-1所示。

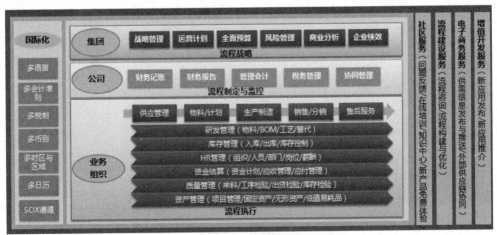

图1-1 金蝶K/3 Cloud整体业务架构图

K/3 Cloud管理信息系统涵盖了企业管理的方方面面，本书将以K/3 Cloud V6.1为蓝本，介绍K/3 Cloud财务管理部分的相关内容。

第 2 章　实验背景介绍

下面模拟一家高新技术企业——蓝海机械总公司的ERP财务系统上线实施应用的全过程。

蓝海机械总公司是一家集研发、生产、销售为一体的多法人、多工厂、多利润中心经营的高新技术公司，公司主营的是柴油机系列的产品，营业收入约10亿元，员工约2000余人。

蓝海机械总公司下属三个法人：蓝海柴油机公司、变电器公司、销售公司。蓝海柴油机公司是其主体，下设两个事业部和一个本部。销售公司负责产品销售，下辖各地销售点，负责具体的销售业务，销售公司则负责向柴油机总装事业部要货。

蓝海机械总公司采用"分级管理、充分授权"的管理方式，每个公司、事业部拥有较大的自主经营权，产品在供应给集团公司下游事业部的同时，也可以自行对外销售。各经营实体经营班子独立，重点考核利润，仅在重大经营决策上需要由总部协调、共同决策，如重大的投资计划、重大的市场推广计划等。随着企业扩展，原有的ERP软件已经不能满足企业多核算体系的需求，经考察、评估后，企业于2015年年中购买了适用于公司多组织管理的金蝶K/3 Cloud系统，并准备与2016年1月正式启用。考虑到实施的难度和工作量，决定先实施财务管理系统。

本次实施的财务管理系统包括总账管理子系统、应收款管理子系统、应付款管理子系统、出纳管理子系统、资金管理子系统、固定资产管理子系统、发票管理子系统、费用报销管理子系统、智能会计平台、报表管理子系统、合并报表管理子系统。

按照软件供应商的要求，上线前要先行整理企业的一些资料，如组织架构、人员等。该企业的组织架构如图2-1所示。

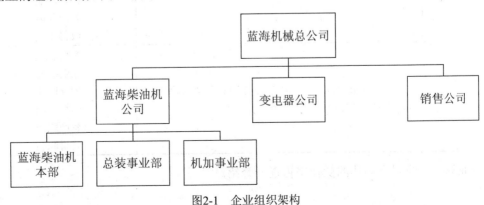

图2-1　企业组织架构

各公司不同组织主要负责的业务情况如表2-1所示。

表2-1 公司主要业务职责

组织	职责	拟使用的软件中的业务组织
蓝海机械总公司	总公司法人,负责下属子公司合并业务核算,但不参与任何企业的具体业务	无
蓝海柴油机公司	柴油机公司法人,负责柴油机下属公司合并业务核算,但不参与任何企业的具体业务	无
蓝海柴油机本部	作为独立的利润中心,参与蓝海柴油机本部的业务处理包括销售、采购、结算等业务,作为有资金管理权限的组织可管控柴油机公司其他组织的资金收入和支出,并管理柴油机下属组织的资产	销售职能 采购职能 库存职能 工厂职能 结算职能 收付职能 资金职能 资产职能
总装事业部	作为独立的利润中心,参与总装事业部的业务处理包括销售、采购、结算、质检等业务	销售职能 采购职能 库存职能 工厂职能 质检职能 结算职能 收付职能
机加事业部	作为独立的利润中心,参与机加事业部的业务处理包括销售、采购、结算等业务	销售职能 采购职能 库存职能 工厂职能 结算职能
变电器公司	作为独立的法人,参与变电器公司的业务处理包括销售、采购、结算、工厂、资产等业务	销售职能 采购职能 库存职能 工厂职能 结算职能 资产职能 收付职能
销售公司	作为独立的法人,参与销售公司的业务处理包括销售、采购、结算、资产等业务	销售职能 采购职能 库存职能 结算职能 资产职能 收付职能

企业的其他资料在后述的操作中再逐一介绍。

第 3 章 系统管理

3.1 系统概述

ERP软件使用涉及的组织、部门、人员众多，而且对信息资源的共享和隔离要求高，K/3 Cloud作为一款新型云时代下的ERP产品，可以实现多法人、多事业部、多地点等多组织应用模式，在开始使用K/3 Cloud进行业务处理之前，需要搭建企业的组织架构体系，根据企业具体情况对基础资料进行隔离和共享设置，并根据不同的业务要求为用户设置合适的权限来访问系统。上述功能都可在系统管理中得到处理，深入的理解和熟练的掌握系统管理部分的功能是使用K/3 Cloud进行业务处理的前提条件。

3.2 实验练习

实验一 K/3 Cloud产品安装

在使用K/3 Cloud系统之前，必须先安装好金蝶K/3 Cloud系统。

应用场景

公司购买了金蝶K/3 Cloud软件，并准备于2016年1月正式使用，信息部主管收到软件供应商提供的软件安装包后，开始准备系统安装。

实验步骤

(1) 制定部署策略。
(2) 配套软件安装。
(3) 金蝶K/3 Cloud软件安装。

操作部门及人员

软件的安装一般由软件供应商或公司信息系统部的人员负责安装，有时也可以由财务人员负责兼做。

实验前准备

当企业购买了软件后，就要开始进行安装工作。与普通应用软件不同的是，ERP软件的安装相对复杂，需要考虑的因素更多。根据使用人数的多少、数据量的大小等，ERP软件的安装布局也有不同的解决方案。在安装金蝶K/3 Cloud软件前，需要统计企业的业务流量、数据大小、用户数等，据以分析计算机及网络等的配置标准。

一般情况下，中型应用企业客户需要准备两台部门级服务器及若干个PC机(根据用户数确定PC机数量)。

操作指导

K/3 Cloud采用B/S架构为基础。B/S架构是一种典型的三层结构，以浏览器为支撑的客户端负责与用户交互，业务服务器层进行业务逻辑处理，数据服务器层采用关系数据库进行业务数据的持久化存储。

- 数据库——安装数据库产品和K/3 Cloud数据库服务部件。目前K/3 Cloud系统同时支持数据库产品Microsoft SQL Server和Oracle，所有的业务数据都存储在这里。
- Web服务层——包括所有业务系统的业务逻辑组件，这些组件会被客户端所调用，是K/3 Cloud系统的核心部分。

1. 系统部署角色

K/3 Cloud系统的部署角色分为应用服务器、管理中心、管理数据库、账套数据库、管理员、用户。各个角色的定义如表3-1所示。

表3-1 系统角色定义

角色	定义
应用服务器	提供"系统业务站点"，一般用户通过访问应用服务器来使用系统。应用服务器可访问的数据中心列表、用户许可都是由管理中心提供的
管理中心	提供"系统管理站点"，仅供管理员访问，用于管理数据中心数据库和应用服务器，用户许可管理也在管理中心进行。管理中心和应用服务器是一对多的关系：一个管理中心可管理多个应用服务器；每个应用服务器只能注册到一个管理中心
管理数据库	提供"管理数据"给管理中心。该角色不需安装任何金蝶组件，仅有数据库系统即可
账套数据库	提供"数据中心"给应用服务器访问。该角色不需安装任何金蝶组件，仅有数据库系统即可
管理员	"系统管理员"，通过浏览器访问管理中心进行系统管理
用户	"一般用户"，通过浏览器或WPF客户端访问应用服务器

2. 基本部署策略

1) 生产环境部署方案

数据库、应用服务器(管理中心)分别单独部署在专用服务器上，如图3-1所示，适合于K/3 Cloud系统大多数部署场景。

为保证系统性能，在客户生产环境应用服务器和数据库服务器必须分开单独部署，并且建议这些服务器专用于K/3 Cloud服务，不建议用其他企业应用服务器(如AD、DNS、Mail等)兼任。这样做才能保证不会发生多种服务争抢服务器运算资源，以致严重影响K/3

Cloud系统的运行性能。从网络安全角度考虑，管理员可能对数据库服务器、应用服务器采用不同的安全策略，例如将数据库隔离在单独VLAN，将应用服务器放在DMZ等，服务器分开部署更能满足网络安全方面的要求。

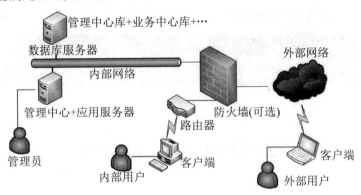

图3-1 生产环境标准部署方案

2) 非生产环境部署方案

数据库、管理中心、应用服务器都装在同一服务器上，适用于K/3 Cloud系统演示、练习等应用场景，本书安装部署就用的是该部署方案，如图3-2所示。

在系统演示、测试或开发等小型应用场景中，业务量较小，可以将数据库、管理中心和应用服务器安装在同一台服务器上。为保证系统性能，在客户生产环境严禁采用这种部署方式。

图3-2 非生产环境部署方案

3. 配套软件安装

在安装金蝶K/3 Cloud软件之前，建议在数据库服务器上先安装数据库，K/3 Cloud支持SQL Server和Oracle两种数据库软件。本书安装的配套数据库软件是SQL Server 2008 R2，数据库管理员是"sa"，密码是"sa"。

在使用K/3 Cloud客户端的电脑上需要安装支持Silverlight客户端的浏览器环境，K/3 Cloud支持的浏览器有Internet Explorer 8.0～11.0、Firefox 39及以上和Chrome 44及以上。本书客户端安装的浏览器是Internet Explorer 8.0。

4. 金蝶K/3 Cloud软件安装

配套软件及机器准备好后，接下来开始安装金蝶K/3 Cloud产品，下面所有安装都以本机系统管理员身份登录，在安装之前退出正在运行的其他第三方软件，特别是杀毒软件和相关防火墙。

用户在新环境上安装K/3 Cloud时，请按如下顺序进行。

(1) 打开本书配套光盘中的【金蝶K3 Cloud V6.1安装盘】文件夹，双击SETUP.exe图标，将出现K/3 Cloud的安装程序界面，如图3-3所示。

图3-3　K/3 Cloud安装程序界面

(2) 单击【开始】按钮，进入许可协议界面，如图3-4所示。认真阅读许可说明后，勾选"本人已阅读并接受上述软件许可协议"。

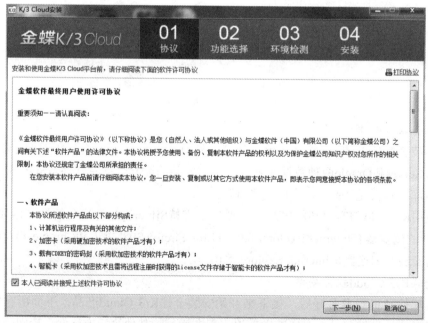

图3-4　许可协议界面

(3) 单击【下一步】按钮进入产品功能选择界面，如图3-5所示，本书选择非生产环境的部署方式，因此选择【全部】；在该界面可以修改安装位置，单击页面上的【浏览】按钮即可修改安装位置。

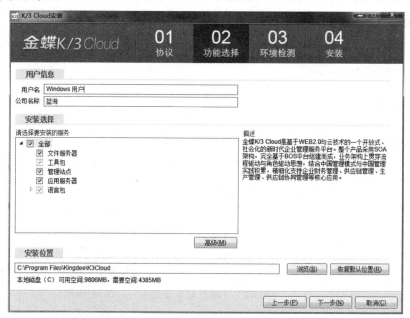

图3-5　功能选择界面

(4) 单击【下一步】按钮，进入环境检测界面，如图3-6所示。

图3-6　环境检测界面

环境检测之后会提示需要修复的问题，如图3-7所示，单击【自动修复】按钮后，可自动安装和启用产品依赖的Window组件和服务。

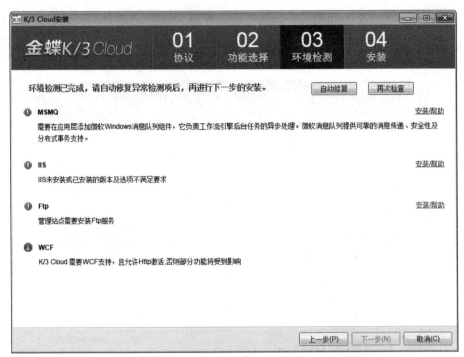

图3-7 环境检测结果界面

(5) 自动修复结束后，单击【再次检查】按钮，查看环境检测结果，如图3-8所示。

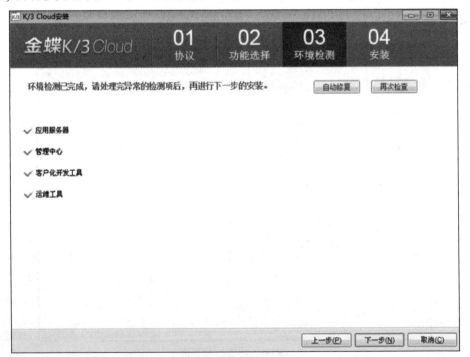

图3-8 检查通过界面

(6) 单击【下一步】按钮，进入安装等待界面，如图3-9所示。安装完成后跳转到成功安装界面，如图3-10所示，单击【完成】按钮，完成K/3 Cloud软件的安装。

图3-9 安装等待界面

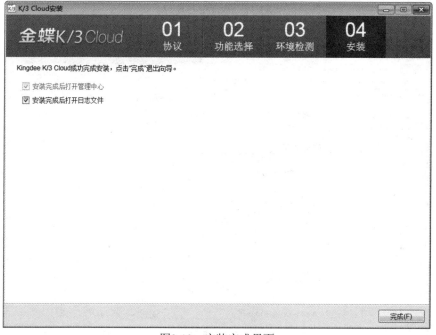

图3-10 安装完成界面

(7) 安装完成后，默认打开管理站点，进入创建管理中心向导中，如图3-11所示。在该向导中填写数据库服务相关信息，填写完成后单击【测试连接】按钮。测试连接成功后，单击【创建】按钮进行管理中心创建。

完成管理中心数据库创建后，提示创建完成，如图3-12所示。

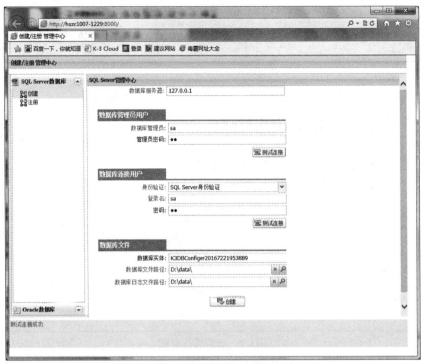

图3-11 管理中心向导

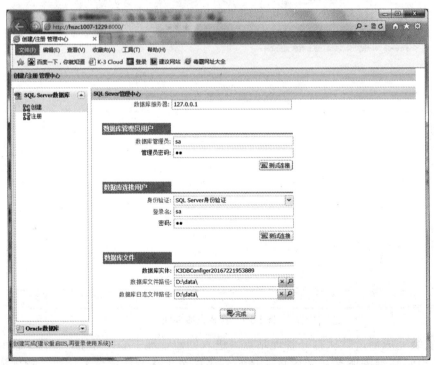

图3-12 管理中心创建完成

(8) 单击【完成】按钮,自动打开管理中心登录页面,如图3-13所示,默认管理员用户名 "Administrator",默认密码 "888888"。

图3-13 管理中心登录页面

(9) 完成产品安装后,在桌面上会出现"金蝶 K/3 Cloud管理中心"和"金蝶K/3 Cloud"两个桌面快捷方式图标,如图3-14所示。后续进行数据中心管理维护时双击打开"金蝶K/3 Cloud管理中心"登录即可,要进行业务处理时双击打开"金蝶K/3 Cloud"即可。

图3-14 快捷方式图标

实验二 新建数据中心

数据中心是业务数据的载体,支持SQL Server和Oracle两种数据库类型,并可以按数据中心设置系统时区。在使用K/3 Cloud系统之前,必须先建立存储业务数据的数据中心。

应用场景

金蝶软件安装已经完成,即将准备使用K/3 Cloud软件。

实验步骤

新建数据中心。

操作部门及人员

数据中心的设立可以由公司信息系统部的人员或财务人员兼做。在蓝海机械总公司,新建数据中心由信息管理员李伟负责。

实验前准备

(1) 了解拟使用的系统，进而确定数据中心类别。

(2) 确认数据库服务器路径、拟采用的数据库类型、身份验证方式和系统时区。

实验数据

公司将于2016年1月起正式使用K/3 Cloud系统，使用系统标准的业务功能，所以数据中心类别选择"标准业务库"。设置账套号为"201601"；账套名称为"蓝海机械总公司"；拟采用SQL Server 2008数据库，选择SQL Server身份验证，数据库管理员和登录用户为"sa"；密码为"sa"。由于蓝海机械柴油机是国内企业，因此选择的系统时区是北京时间。

操作指导

信息管理员李伟双击桌面快捷图标"金蝶 K/3 Cloud管理中心"，打开K/3 Cloud管理中心登录页面。默认管理员用户名"Administrator"，默认密码"888888"，单击【登录】按钮后，进入管理中心页面。

在管理中心页面单击左上角的"所有功能"，可以打开管理中心的功能菜单，如图3-15所示。

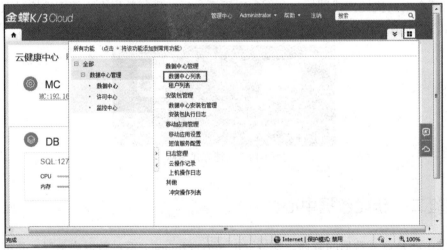

图3-15 管理中心页面

在功能菜单中，执行【数据中心管理】—【数据中心列表】命令，打开数据中心列表页面，如图3-16所示，可看见目前管理中心管理的全部数据中心记录。

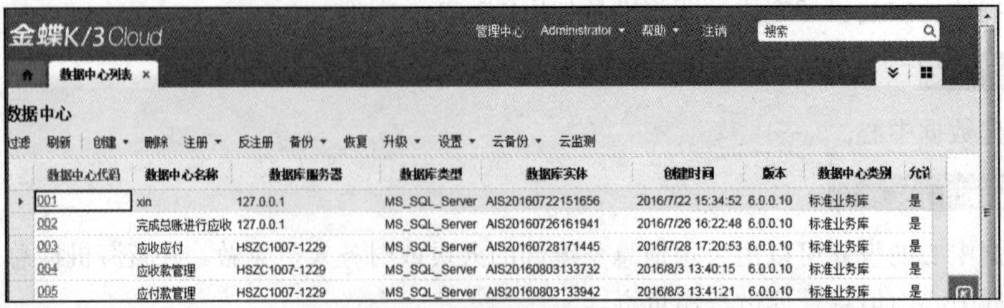

图3-16 数据中心列表页面

第 3 章 系统管理 | 17

单击【创建】按钮，打开创建SQL Server数据中心向导页面，如图3-17所示，根据数据库服务器填写信息。

图3-17 数据中心向导页面

单击【下一步】按钮，进入数据中心信息填写页面，如图3-18所示，填写完成后单击【创建】按钮即可完成数据中心的创建。

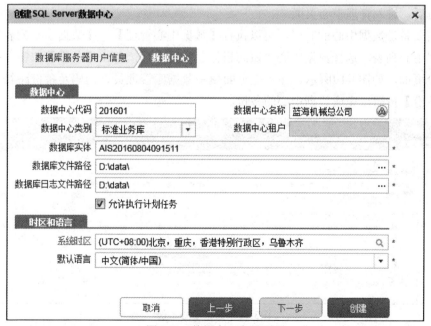

图3-18 数据中心向导页面

数据中心创建完毕后，在【金蝶K/3 Cloud管理中心】中的【数据中心列表】，可以找到新增的数据中心。

实验三　数据中心维护

应用场景

为了确保数据安全性或为了在灾难发生时对数据丢失的损害降到最低，需要定期将业务操作过程中的各种数据进行备份，一旦数据中心破坏，可以通过恢复功能将备份的数据中心恢复成一个新的数据中心继续进行业务处理。

实验步骤

(1) 数据中心备份与恢复。
(2) 数据中心云备份。

操作部门及人员

数据中心维护可以由公司信息系统部的人员或财务人员兼做。在蓝海机械总公司，数据中心维护由信息管理员李伟负责。

操作指导

1. 数据中心备份与恢复

信息管理员李伟双击桌面快捷图标"金蝶 K/3 Cloud管理中心"，打开K/3 Cloud管理中心登录页面。默认管理员用户名"Administrator"，默认密码"888888"，单击【登录】按钮后，进入管理中心页面。

当需要备份数据中心的时候，可以执行【数据中心管理】—【数据中心列表】命令，打开数据中心列表，选择数据中心"蓝海机械总公司"后，单击【备份】按钮，打开数据中心备份页面，如图3-19所示。在备份页面填写数据库管理员、密码及备份路径后，单击【执行备份】按钮，完成数据中心的备份。

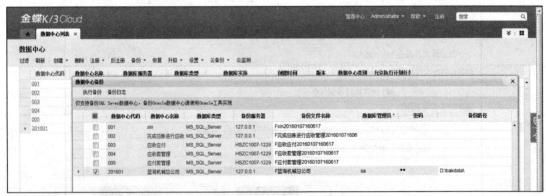

图3-19　数据中心备份

当需要恢复数据中心的时候，可以执行【数据中心管理】—【数据中心列表】命令，打开数据中心列表。单击【恢复】按钮，打开数据中心恢复页面，如图3-20所示。在恢复页面，根据具体情况填写数据库服务器、数据库管理员、密码及备份文件路径等信息后，单击【执行恢复】按钮，可完成数据中心的恢复。

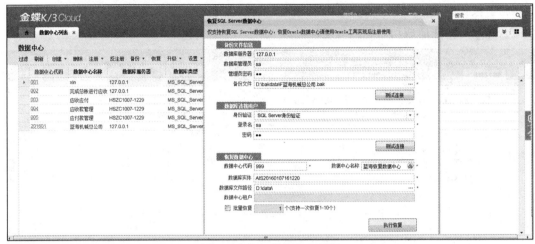

图3-20　恢复数据中心页面

恢复页面填写字段说明如表3-2所示。

表3-2　恢复页面字段说明

字段名称	说明
数据库服务器	存放备份文件的数据库服务器
数据库管理员	输入数据库服务器管理员名称
管理员密码	输入数据库服务器管理员密码
备份文件	选择数据库文件的备份路径
身份验证	支持SQL Server身份验证和Windows身份验证。若选择Windows身份验证，默认从数据中心站点的应用程序池获取运行账户，数据中心站点的运行账户在产品安装过程中进行设置，在安装后也可在IIS数据中心站点的应用程序池中修改；若选择SQL Server身份验证，请输入SQL Server数据库用户名和密码
登录名	输入数据连接用户的账号
密码	输入数据连接用户的密码，使用Windows身份验证不需要输入密码，但是数据库服务器中必须存在这个账户
数据中心名称	输入1~80个字符
数据库文件路径	选择数据库文件的恢复路径

注意：

目前仅支持备份和恢复SQL Server数据中心。如果要备份和恢复Oracle数据中心，应使用Oracle工具实现。

2. 数据中心云备份

在服务器硬盘空间不够大的情况下，可以通过数据中心云备份的方式将数据中心备份到金蝶云盘中，后续要恢复时到云盘获取恢复即可，这种方式可以最大化地节省数据库服务器的硬盘空间。

当需要云备份的时候，登录管理中心执行【数据中心管理】—【数据中心列表】命令，打开数据中心列表页面。选择【云备份】—【云盘账号绑定】，打开云盘账号绑定页面，如图3-21所示。如果拥有金蝶云盘账号，可直接输入云盘账号和云盘密码，单击【绑定账号】按钮即可；如果没有金蝶云盘账号，则单击【去金蝶云盘注册】按钮去免费注册金蝶云盘账号，注册成功后返回绑定即可。

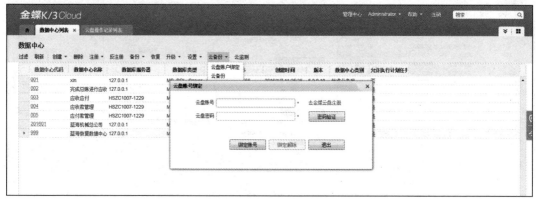

图3-21　云盘账号绑定

注意：

进行数据中心云备份之前，必须要进行云盘账号绑定，否则就不可以使用云备份相关功能；如果后续云盘账号调整，可以单击图3-21中的【绑定解除】按钮实现账号关系解除。

当需要云备份的时候，执行【云备份】—【云备份】命令，打开金蝶云备份数据中心页面，在页面中填写对应的数据库管理员和密码以及在云盘中的备份文件名称。如果对备份文件要求加密，则勾选【文件加密】，然后输入安全密钥，如图3-22所示。单击【执行云备份】按钮，就开始备份数据中心，并将备份文件保存到金蝶云盘中。

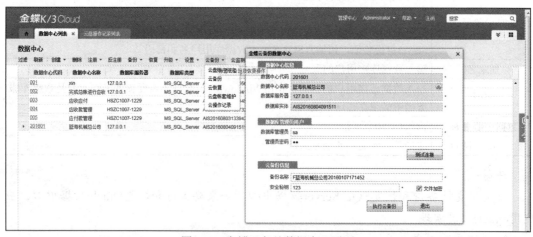

图3-22　金蝶云备份数据中心页面

当需要云恢复的时候，执行【云备份】—【云恢复】命令，打开恢复金蝶云数据中心页面，选择之前备份在云盘上的数据中心备份文件，并填写对应的数据库服务器信息以及恢复数据中心信息。如果之前使用的云盘文件是加密过的，则勾选【文件加密】，并输入安全密钥，如图3-23所示。单击【执行云备份】按钮，就开始恢复数据中心。

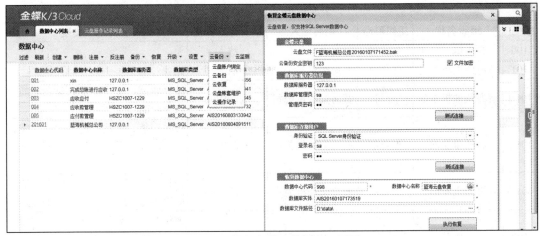

图3-23　恢复金蝶云数据中心页面

注意：

云备份除了提供基本的备份恢复功能外，还提供云盘账套维护和云操作记录查看功能。用户可用云盘账套维护来删除保存在云盘中的废弃文件，用户还可使用云操作记录来查看所有云备份和恢复的操作记录，以提高管理的安全性。

实验四　搭建组织机构

应用场景

创建好数据中心后，开始使用K/3 Cloud进行业务操作之前，需要根据企业真实情况搭建组织机构。

实验步骤

(1) 启用多组织。
(2) 搭建组织机构。
(3) 建立组织业务关系。

操作部门及人员

组织机构搭建可以由公司信息系统部的人员或财务人员兼做。在蓝海机械总公司，搭建组织机构由信息管理员李伟负责。

实验前准备

将系统日期调整到2016年1月1日。
使用在实验二中新建的数据中心。

实验数据

蓝海机械总公司组织机构信息如表3-3所示。

表3-3 组织机构信息表

编码	组织名称	组织形态	所属法人	核算组织类型	业务组织类型
100	蓝海机械总公司	总公司	蓝海机械总公司	法人	无
101	蓝海柴油机公司	总公司	蓝海柴油机公司	法人	无
101.1	蓝海柴油机本部	公司	蓝海柴油机公司	利润中心	结算职能、资产职能、资金职能、收付职能
101.2	总装事业部	事业部	蓝海柴油机公司	利润中心	销售职能、采购职能、库存职能、工厂职能、质检职能、结算职能、收付职能
101.3	机加事业部	事业部	蓝海柴油机公司	利润中心	销售职能、采购职能、库存职能、质检职能、结算职能、收付职能
102	变电器公司	公司	变电器公司	法人	销售职能、采购职能、库存职能、工厂职能、质检职能、结算职能、资产职能、资金职能、收付职能
103	销售公司	公司	销售公司	法人	销售职能、采购职能、库存职能、质检职能、结算职能、资产职能、资金职能、收付职能

蓝海柴油机本部对总装和机加事业部进行统收统支并托管总装及机加事业部的资产，蓝海柴油机本部同时对变电器公司进行收支两条线管理，对应的业务关系如表3-4所示。

表3-4 业务关系信息表

业务关系	委托方	受托方
委托收付	总装事业部	蓝海柴油机本部
	机加事业部	蓝海柴油机本部
委托资金管理	变电器公司	蓝海柴油机本部
资产托管	总装事业部	蓝海柴油机本部
	机加事业部	蓝海柴油机本部

操作指导

1. 启用多组织

双击安装后生成的桌面快捷图标"金蝶K/3 Cloud"，打开K/3 Cloud登录页面，如图3-24所示。选择数据中心为"蓝海机械总公司"，系统管理员用户名"Administrator"，默认密码"888888"，单击【登录】按钮后，进入K/3 Cloud系统管理页面。

图3-24 K/3 Cloud登录页面

登录后，单击右上角的【所有功能】按钮，打开功能菜单，如图3-25所示。

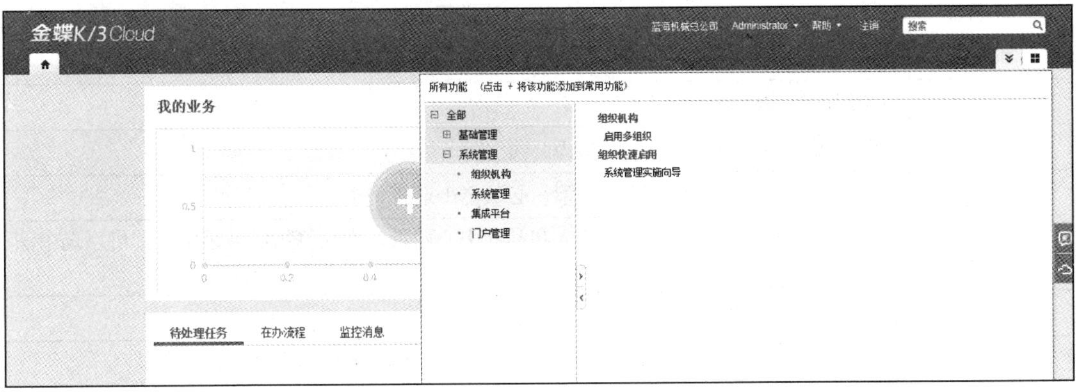

图3-25　K/3 Cloud业务页面

在功能菜单中，执行【系统管理】—【组织机构】—【组织机构】—【启动多组织】命令，打开启用多组织页面，如图3-26所示。勾选【启动多组织】后，单击【保存】按钮，系统将启动多组织，并自动跳转到登录页面。

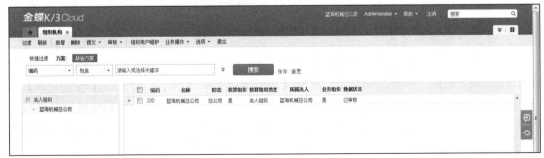

图3-26　启用多组织页面

2.搭建组织机构

信息管理员李伟使用系统管理员用户名"Administrator"，默认密码"888888"，登录K/3 Cloud系统后，打开功能菜单，执行【系统管理】—【组织机构】—【组织机构】—【组织机构】命令，即打开组织机构查询页面，如图3-27所示。

图3-27　组织机构查询页面

单击【新增】按钮，打开新增组织机构页面，根据实验数据中表3-2的内容在页面中输入正确信息，组织机构主要字段说明如表3-5所示。

表3-5 组织机构字段属性说明

字段名称	说明
编码	组织机构的编码,不能重复
描述	对组织的描述信息,可以不填写
组织形态	来源于组织形态基础资料,默认为公司
组织分类	分为核算组织和业务组织两种类型,必须至少选择一个
核算组织	财务上独立核算的组织,分为法人和利润中心两种,当核算组织被选中时,可以选中法人、利润中心其中之一
法人	独立核算的法人组织,当核算组织被选中时,才可选择法人
利润中心	独立核算的利润中心,当核算组织被选中时,才可选择利润中心
业务组织	业务上独立运作的组织,当组织为业务组织时,才可以选择具体的组织职能
组织职能	业务组织的组织职能,来源于组织职能的基础资料
组织属性	在组织属性分类下可以进行所属法人的设置
所属法人	来源于法人属性的组织,当组织本身为法人时,所属法人就为本身,当组织为业务组织或者利润中心,必须从系统的法人组织中选择一个组织作为所属法人

在新增组织机构页面输入正确信息后,依次单击【保存】【提交】【审核】按钮后完成组织机构新增工作,新增全部的组织机构后再次进入组织机构查询页面,可查看全部的组织机构信息,如图3-28所示。

图3-28 新增组织机构后的查询页面

3. 建立组织业务关系

信息管理员李伟使用系统管理员用户名"Administrator",默认密码"888888",登录K/3 Cloud系统后,打开功能菜单,执行【系统管理】—【组织机构】—【组织关系】—【组织业务关系】命令。在打开的组织业务关系查询页面,单击【新增】按钮,打开组织业务关系-新增页面,如图3-29所示。在业务关系类型字段选择"委托收付(结算-收付)-受托收付(收付-结算)",委托方列表中选择"总装事业部"和"机加事业部",在对应的受托方列表中都选择"蓝海柴油机本部",设置完成后单击【保存】按钮,完成委托收付组织业务关系设置。

图3-29 组织业务关系-新增页面

参考上述方法,根据实验数据表3-4中的内容设置"委托资金管理"和"资产托管"组织业务关系,完成设置后,执行【系统管理】—【组织机构】—【组织关系】—【组织业务关系】命令,打开组织业务关系查询页面,如图3-30所示,查看设置完成的组织业务关系。

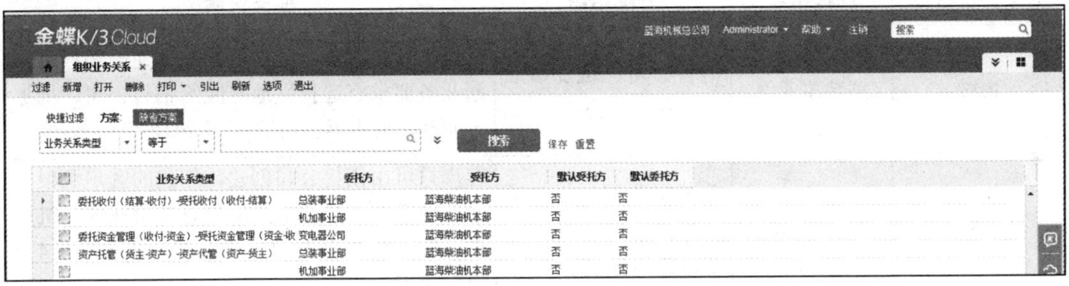

图3-30 组织业务关系查询页面

实验五 基础资料控制

K/3 Cloud系统是一款新型云时代下的ERP产品,可以实现多法人、多事业部、多地点等多组织应用模式。根据企业具体管控模式设置基础资料在多个组织之间的共享和隔离关系,能够帮助企业实现不同程度的集权管理。

应用场景

搭建完组织机构后,需要根据企业真实管控情况设置基础资料的共享和隔离关系。

实验步骤

(1) 设置基础资料控制类型。
(2) 设置基础资料控制策略。

操作部门及人员

基础资料控制设置可以由公司信息系统部的人员或财务人员兼做。在蓝海机械总公司,基础资料控制设置由信息管理员李伟负责。

实验前准备

调查企业的基础资料的共享策略,找出与K/3 Cloud默认的基础资料共享策略不同的基础资料列表；调研对创建组织和共享范围有要求的基础资料列表，明确基础资料详细的共享分配信息。

实验数据

基础资料控制类型信息如表3-6所示。

表3-6 基础资料控制类型

基础资料名称	策略类型	业务说明
供应商	共享型	公司内部公开供应商信息，以方便监督及分享各组织的供应商
其他基础资料	与系统默认策略类型一致	

基础资料控制策略信息如表3-7所示。

表3-7 基础资料控制策略

基础资料名称	创建组织	分配组织	业务说明
物料	总装事业部	销售公司、机加事业部、变电器公司	物料只可由总装事业部创建，创建的物料可根据业务要求有选择性地分配给销售公司、机加事业部、变电器公司这3个组织使用
客户	销售公司	总装事业部、机加事业部、变电器公司、蓝海柴油机本部	客户只可由销售公司创建，创建的客户可根据业务要求有选择性地分配给总装事业部、机加事业部、变电器公司、蓝海柴油机本部这4个组织使用

操作指导

1. 设置基础资料控制类型

信息管理员李伟使用系统管理员用户名"Administrator"，默认密码"888888"，登录K/3 Cloud系统后，打开功能菜单，执行【系统管理】—【组织机构】—【基础资料控制】—【基础资料控制类型】命令，新打开的基础资料控制类型页面如图3-31所示。

图3-31 基础资料控制类型页面

选择基础资料供应商，双击打开【基础资料控制类型-修改】页面，如图3-32所示。修改策略类型为【共享】，单击【保存】按钮，完成基础资料控制类型修改。

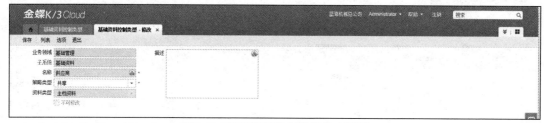

图3-32　基础资料控制类型修改页面

2. 设置基础资料控制策略

信息管理员李伟使用系统管理员用户名"Administrator"，默认密码"888888"，登录K/3 Cloud系统后，打开功能菜单，执行【系统管理】—【组织机构】—【基础资料控制】—【基础资料控制策略】命令。在打开的基础资料控制策略查询页面，单击【新增】按钮，打开基础资料控制策略-新增页面，如图3-33所示。在基础资料字段选择"物料"，在创建组织字段选择"总装事业部"，在下方分配目标组织列表中，新增三行分别选择"机加事业部""变电器公司"和"销售公司"，正确输入后，单击保存完成"物料"这个基础资料的控制策略设置。

图3-33　基础资料控制策略-新增页面

参考上述方法，根据实验数据表3-7中的内容设置"客户"这个基础资料的控制策略，完成设置后，执行【系统管理】—【组织机构】—【基础资料控制】—【基础资料控制策略】命令，打开基础资料控制策略查询页面，如图3-34所示，查看设置完成的基础资料控制策略。

注意：

在图3-33所示的基础资料控制策略-新增页面中选择创建组织和分配目标组织的时候，可通过快捷键F8调用组织机构列表页面，勾选需要选择的组织机构后，单击返回数据，可以将选择的组织机构信息回填到对应的字段中。

图3-34　基础资料控制策略查询页面

实验六　用户权限管理

K/3 Cloud系统中流转着企业的基础数据和业务数据，企业数据信息的保密性和安全性是非常重要的。例如，企业的资金状况只有财务部的相关工作人员可以查看，其他人员没有权限了解这些信息；如果企业是多组织企业，每个组织下的财务人员只能看到自己所属组织下的资金情况，只有企业中特定的财务主管才能看见所有组织的资金情况，针对使用人员的数据安全性在K/3 Cloud中提供了系统管理模块来实现用户权限的管理。

应用场景

为了防止企业的一些关键信息被无关的人员随意获取，需要对操作软件系统的每一个人员进行权限的分配。

实验步骤

(1) 角色管理。
(2) 针对角色进行授权。
(3) 用户管理。

操作部门及人员

用户权限设置可以由公司信息系统部的人员或财务人员兼做。在蓝海机械总公司，用户权限设置由信息管理员李伟负责。

实验前准备

先调查、统计每个系统使用人员的业务操作范围，并明确功能、业务等的操作权限。

实验数据

角色及功能权限如表3-8所示。
用户详细信息如表3-9所示。

表3-8 角色功能信息表

角色名称	权限范围	操作要求	业务说明
会计	总账(不含凭证审核和反审核)、智能会计平台、应收款管理、应付款管理、发票管理、出纳管理、资金管理、网上银行、费用报销、报表、合并报表、阿米巴报表、固定资产、组织间结算	新增,角色编码为10001	拥有财务处理大部分权限,不可以对凭证进行审核,不能处理出纳管理相关工作
出纳	总账全部权限 其他权限设置和系统内置的出纳权限一致	修改	大部分权限和系统内置的出纳角色重合,另外赋予出纳角色总账的权限
财务经理	总账全部权限 其他权限设置和系统内置的财务经理权限一致	修改	大部分财务管理权限,拥有总账的全部权限
全功能角色	所有系统全部功能	新增,角色编码为1000	拥有最大的权限,可以查看和执行全部的业务操作

表3-9 用户详细信息表

用户名称	密码	职位	角色	组织
李伟	666666	信息管理员	全功能	所有组织
李娜	666666	蓝海机械总公司财务	会计	蓝海机械总公司
张敏	666666	柴油机公司财务	会计	蓝海柴油机公司
李静	666666	本部财务主管	财务经理	蓝海柴油机本部
王静	666666	本部出纳	出纳	蓝海柴油机本部
刘伟	666666	本部会计	会计	蓝海柴油机本部
			会计	变电器公司
王秀英	666666	总装财务主管	财务经理	总装事业部
张丽	666666	总装出纳	出纳	总装事业部
李秀英	666666	总装会计	会计	总装事业部
王丽	666666	机加财务主管	财务经理	机加事业部
张静	666666	机加出纳	出纳	机加事业部
张秀英	666666	机加会计	会计	变电器公司
李强	666666	变电器财务主管	财务经理	变电器公司
王敏	666666	变电器出纳	出纳	变电器公司
李敏	666666	变电器会计	会计	销售公司
王磊	666666	销售财务主管	财务经理	销售公司
刘洋	666666	销售出纳	出纳	销售公司
王艳	666666	销售会计	会计	销售公司

操作指导

1. 角色管理

信息管理员李伟使用系统管理员用户名"Administrator",默认密码"888888",登录K/3 Cloud系统后,打开功能菜单,执行【系统管理】—【系统管理】—【角色管理】—【创建角色】命令,打开的创建角色页面如图3-35所示。在编码字段填写"10000",在名称字段填写"全功能",在类型字段选择"普通角色",在属性字段填写"公有",完成所有字段信息输入后单击【保存】按钮，完成全功能角色的新增。

图3-35　创建角色页面

参考上述方法，根据实验数据表3-8中的内容新增"会计"这个角色，完成后，执行【系统管理】—【系统管理】—【角色管理】—【角色查询】命令，打开角色查询页面，如图3-36所示，查看全部的角色信息。

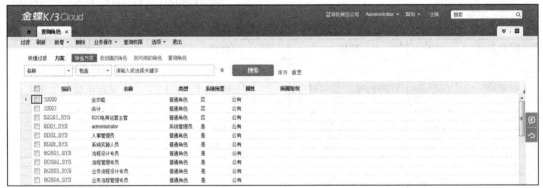

图3-36　角色查询页面

注意：

在图3-35【创建角色】页面中的"属性"字段，在多组织应用模式下才显示，可选择"公有"和"私有"两个类型。当属性为"公有"时，角色在全部组织中均可使用；当属性为"私有"时，角色只能在指定的组织下使用。

2. 针对角色进行授权

1)"全功能"角色授权处理

信息管理员李伟使用系统管理员用户名"Administrator"，默认密码"888888"，登录K/3 Cloud系统后，打开功能菜单，执行【系统管理】—【系统管理】—【批量授权】—【全功能批量授权】命令。在打开的全功能批量授权页面，选择授权角色为"全功能"，选择授权模式为"全功能"，选择授权状态为"有权"，如图3-37所示，单击【授权】按钮，将系统的所有功能权限授权给全功能角色。

图3-37　全功能批量授权页面

2)"会计"角色授权处理

执行【系统管理】—【系统管理】—【批量授权】—【子系统批量授权】命令,打开子系统批量授权页面,选择授权角色为"会计",选择授权模式为"子系统",根据实验数据表3-8中的信息,勾选该角色对应的子系统(如总账、智能会计平台等)为有权,如图3-38所示,单击【授权】按钮后,将子系统功能授权给会计。

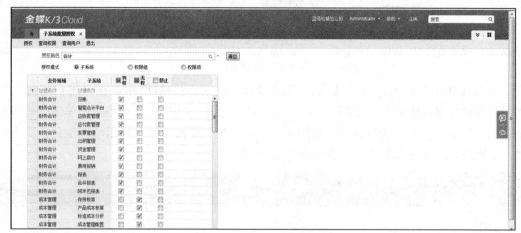

图3-38　子系统批量授权页面

"会计"角色没有总账中的凭证审核和反审核权限,因此完成上述操作后,还需要修改凭证的审核和反审核功能,将其设置为无权。执行【系统管理】—【系统管理】—【授权】—【业务对象功能授权】命令,打开业务对象功能授权页面,选择授权角色为"会计",选择业务对象"凭证",并将右侧审核和反审核功能设置为无效,如图3-39所示,完成后单击【授权】按钮,完成会计角色的授权修改。

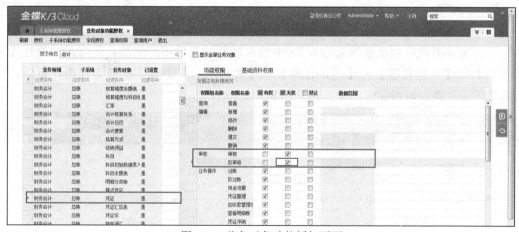

图3-39　业务对象功能授权页面

参考上述方法,根据实验数据表3-8中的内容,对系统预置的角色"出纳"及"财务经理",使用子功能批量授权,赋予总账权限。

3. 用户管理

信息管理员李伟使用系统管理员用户名"Administrator",默认密码"888888",登录K/3 Cloud系统后，执行【系统管理】—【系统管理】—【用户管理】—【查询用户】命令，打开查询用户页面，如图3-40所示。

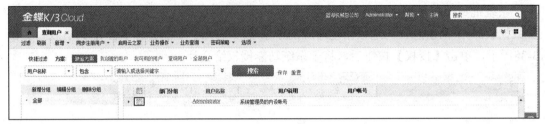

图3-40 查询用户

单击【新增】按钮，打开【用户-新增】页面，如图3-41所示。在"用户账号"和"用户名称"字段中输入"李伟"，在下方组织列表中，选择全部的组织；单击"蓝海机械总公司"后，在右边的角色列表中添加全功能角色，依次选择其他组织添加角色为全功能，完成后单击【保存】按钮，完成李伟这个用户的新增。

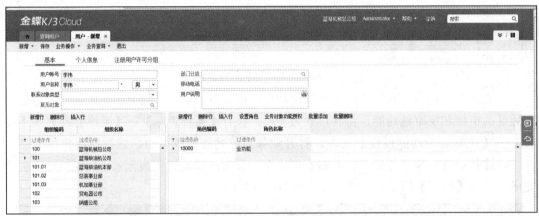

图3-41 用户新增页面

参考上述方法，根据实验数据表3-9中的内容新增其他用户信息，完成后，执行【系统管理】—【系统管理】—【用户管理】—【查询用户】命令，打开查询用户页面，如图3-42所示，查看新增完成的全部用户信息。

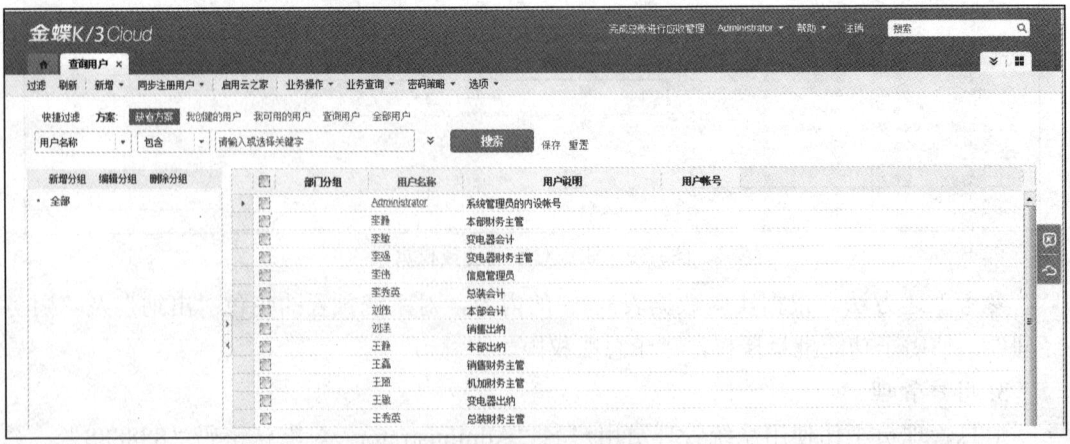

图3-42 查询用户页面

注意：

新建的用户，默认密码均为888888，用户第一次登录的时候根据实验要求修改用户密码为666666即可。

上述实验做完后，备份数据中心，备份文件名为"F蓝海机械总公司(总账管理前账套)"。

第 4 章 总账管理

4.1 系统概述

总账系统是财务会计系统中最核心的系统,以凭证处理为中心进行账簿报表的管理,可与各个业务系统无缝连接,实现数据共享。企业所有的核算最终都在总账中体现。金蝶 K/3 Cloud 的总账管理系统主要解决了一个数据中心下多账簿和多核算体系的应用,适用于所有的企业和行业。

4.1.1 总账系统基本业务流程

一个完整的财务处理流程,通常有如下几个环节。

凭证录入→凭证审核→凭证记账→月末计提→结转损益→凭证汇总→结转下期

(1) 凭证录入主要是录入日常基本凭证,如借款、费用报销、提现、收款、付款、进销存相关凭证、生产制造相关凭证等。

(2) 凭证审核是对录入的凭证进行审查、确认等工作。

(3) 凭证记账主要是将制作的凭证记录登记到账簿上以方便汇总、查询,系统通过"过账"功能自动完成。

(4) 月末经常需要计提折旧、坏账准备、跌价准备等,如果没有启用相关的业务系统,如固定资产、应收系统、存货核算,则可以通过总账系统的"自动转账"功能来完成。自动转账主要完成各种摊、提业务凭证的制作,是基于已有的数据和凭证,通过一定的逻辑关系,由系统来自动产生凭证的过程。

(5) 结转损益,对于损益类账户,每个月末或者年末都需要将其实际发生额转入本年利润账户,系统将提供这类凭证的自动结账功能。

(6) 在手工方式下,凭证记账和凭证汇总需要分开处理;在计算机方式下,通过"过账"功能,系统自动完成账簿的登记及科目的汇总工作。

(7) 结转下期，即计算出本期的累计发生额、本年的累计发生额、期末余额，并将余额结转为下一会计期间的期初余额。系统通过"期末结账"功能完成。

如图4-1列示了财务处理在金蝶K/3 Cloud总账系统中的主要操作流程。

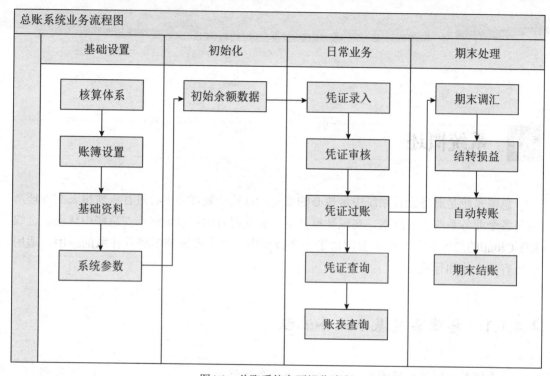

图4-1　总账系统主要操作流程

4.1.2　重点功能概述

总账系统主要是进行凭证账簿管理的系统，它提供了凭证的录入、查询、审核、修改、删除、记账(过账)、总分类账查询、明细分类账查询、核算维度明细账查询、自动转账、期末自动调汇、期末自动结账损益、期末结账等功能。

4.1.3　与其他系统的关系

总账系统和其他系统的关系如图4-2所示。

图4-2 总账系统关系图

4.2 实验练习

实验一 系统初始化

应用场景

掌握总账系统初始化设置方法。

实验步骤

(1) 设置基础资料。
(2) 设置系统参数。
(3) 录入初始数据。
(4) 关闭初始化。

操作部门及人员

由信息管理员李伟登录设置总账的基础资料并进行总账初始化。

实验前准备

(1) 将系统日期调整为2016-1-1。
(2) 恢复前述备份账套"F蓝海机械总公司(总账管理前账套)"。

实验数据

1. 系统参数

系统参数如表4-1所示。

表4-1 系统参数

参数名称	参数值
"本年利润"科目	4103
"利润分配"科目	4104

注1：其他参数采用系统默认值。
注2：适用于全部组织的账簿设置要求。

2. 基础资料

基础资料是企业进行日常业务处理时所必需的，并且是一些通用的基础性数据，如币别、会计科目、结算方式、供应商、客户等。

币别：人民币和美元。

汇率体系资料如表4-2所示。

表4-2 汇率体系

汇率类型	原币	目标币	直接汇率	生效日期	失效日期
固定汇率	美元	人民币	6.4	2015-12-31	2016-1-30

会计日历及核算维度：使用系统默认的设置。

会计科目采用新会计准则科目，下面的科目稍做修改，如表4-3所示。

表4-3 会计科目

科目代码	科目名称	外币核算	是否期末调汇
1002	银行存款	核算所有币别	是
1121	应收票据	核算所有币别	是
1122	应收账款	核算所有币别	是
1221.03	其他应收款_员工往来	核算所有币别	是
2221.01.02	销项税额	核算所有币别	是
6603.06	其他	核算所有币别	是
6603.04	手续费	核算所有币别	是
6001	主营业务收入	核算所有币别	是
6603.05	现金折扣	核算所有币别	是

新增明细会计科目，如表4-4所示。

表4-4 明细会计科目

科目编码	名称	科目类别	核算维度	外币核算
6602.01	福利费	期间费用	部门(必录)、费用项目(可选)	无
6602.02	办公费	期间费用	部门(必录)	无
6602.03	差旅费	期间费用	部门(必录)、员工(必录)	核算所有币别；勾选期末调汇

会计政策：使用默认的会计政策。

会计核算体系，如表4-5所示。

表4-5 会计核算体系

编码	名称	默认核算体系	核算组织	下级组织	投资比例
01	法人核算体系	是	蓝海机械总公司	蓝海机械总公司	100%
			蓝海柴油机公司	蓝海柴油机本部	100%
				总装事业部	100%
				机加事业部	100%
			变电器公司	变电器公司	100%
			销售公司	销售公司	100%
02	利润中心核算体系	否	蓝海柴油机本部	蓝海柴油机本部	100%
			总装事业部	总装事业部	100%
			机加事业部	机加事业部	100%
			变电器公司	变电器公司	100%
			销售公司	销售公司	100%

注：所有核算组织的适用会计政策和默认会计政策均采用系统默认会计政策。

各核算组织的账簿信息，如表4-6所示。

表4-6 账簿信息

编码	账簿名称	核算体系	核算组织	账簿类型	启用间期
001	总公司账簿	法人核算体系	蓝海机械总公司	主账簿	2016.01
002	柴油机公司账簿	法人核算体系	蓝海柴油机公司	主账簿	2016.01
003	柴油机本部账簿	利润中心核算体系	蓝海柴油机本部	主账簿	2016.01
004	总装账簿	利润中心核算体系	总装事业部	主账簿	2016.01
005	机加账簿	利润中心核算体系	机加事业部	主账簿	2016.01
006	变电器账簿	法人核算体系	变电器公司	主账簿	2016.01
007	销售公司账簿	法人核算体系	销售公司	主账簿	2016.01

注1：所有账簿采用的科目表为新会计准则科目表，默认凭证字为记。

注2：账簿由各核算组织各自创建。

物料由总装事业部增加，再分配给其他组织使用，详细信息如表4-7所示。

表4-7 物料信息表

物料编码	物料名称	属性	分配	采购价格/元	销售价格/元	内部结算价/元
1.101	70kw柴油机	自制/产成品	销售公司		40 000	30 000
1.100	50kw柴油机	自制/产成品	销售公司		30 000	25 000
3.100	气缸盖	外购/原材料		3000		
3.101	制动器	外购/原材料		3000		
2.100	调压阀	自制/半成品	机加	5000	8000	5000
3.102	调压阀盖	外购/原材料	机加	500	800	800
3.103	转轴	外购/原材料	机加	500	800	800

(续表)

物料编码	物料名称	属性	分配	采购价格/元	销售价格/元	内部结算价/元
3.104	螺杆	外购/原材料	机加	500	800	800
3.105	螺母	外购/原材料	机加	500	800	800
2.103	50kw变压器	自制/半成品	变电器	5000	8000	5000
2.104	70kw变压器	自制/半成品	变电器	7000	10 000	7000
3.106	硅钢片	外购/原材料	变电器	500		
3.107	铜线	外购/原材料	变电器	500		
3.108	线缆	外购/原材料	变电器	500		
3.109	钢架	外购/原材料	变电器	500		
3.110	轴承	外购/原材料		2000		
4.100	电脑	外购/产成品	销售公司、变电器			

客户由销售公司增加，并分配给其他组织使用，详细的客户信息如表4-8所示。

表4-8 客户信息表

编码	客户	币别	客户类别	对应组织	分配
CUST0001	东方机械	美元	普通销售客户		
CUST0002	大宇机械	人民币	普通销售客户		变电器公司
CUST0006	大成机械	人民币	普通销售客户		变电器公司
CUST0003	销售公司		内部结算客户	销售公司	总装、本部
CUST0004	总装事业部		内部结算客户	总装事业部	机加、变电、本部
CUST0005	机加事业部		内部结算客户	机加事业部	总装
CUST0007	变电器公司		内部结算客户	变电器公司	本部

供应商作为共享型，基础资料不需要分配，由总装事业部增加，具体供应商信息如表4-9所示。

表4-9 供应商信息表

编码	供应商名称	对应组织
VEN00001	明锐五金	
VEN00005	月锐五金	
VEN00002	总装事业部	总装事业部
VEN00003	机加事业部	机加事业部
VEN00004	变电器公司	变电器公司
VEN00006	蓝海柴油机本部	蓝海柴油机本部
VEN00007	销售公司	销售公司

部门和岗位及员工信息，如表4-10所示。

表4-10 部门员工信息表

部门编号	部门	创建组织	部门属性	岗位	员工编码	员工
BM000001	本部财务部	蓝海柴油机本部	管理部门	本部财务	001	张健
BM000002	总装财务部	总装事业部	管理部门	总装财务	002	李俊
BM000006	总装车间	总装事业部	基本生产部门			
BM000003	机加财务部	机加事业部	管理部门	机加财务	003	李莉

(续表)

部门编号	部门	创建组织	部门属性	岗位	员工编码	员工
BM000007	机加车间	机加事业部	基本生产部门			
BM000004	变电器财务部	变电器公司	管理部门	变电器财务	004	王波
BM000008	变电器车间	变电器公司	基本生产部门			
BM000005	销售财务部	销售公司	管理部门	销售财务	005	刘洋
				销售财务	006	王艳

业务员：销售财务部的刘洋和王艳作为财务人员业务员维护到系统中。

3. 账簿初始化

(1) 总公司账簿初始余额情况如表4-11所示。

表4-11　总公司账簿初始余额

科目编码	科目名称	余额方向	币别	汇率	期初余额(原币)
1001	库存现金	借方	人民币	1	250 000
1002	银行存款	借方	人民币	1	3 800 000
1122	应收账款	借方	人民币	1	30 000
1221.03	员工往来	借方	人民币	1	3000
1403	原材料	借方	人民币	1	620 000
1405	库存商品	借方	人民币	1	19 650 000
1511	长期股权投资	借方	人民币	1	200 000 000
1601	固定资产	借方	人民币	1	46 000 000
1602	累计折旧	贷方	人民币	1	12 350 000
2202.02	明细应付款	贷方	人民币	1	20 000
4001	实收资本	贷方	人民币	1	231 623 000
4101	盈余公积	贷方	人民币	1	27 000 000
1002	银行存款	借方	美元	6.4	100 000

(2) 柴油机公司账簿初始余额情况如表4-12所示。

表4-12　柴油机公司账簿初始余额

科目编码	科目名称	余额方向	币别	汇率	期初余额(原币)
1001	库存现金	借方	人民币	1	150 000
1002	银行存款	借方	人民币	1	3 200 000
1221.03	员工往来	借方	人民币	1	3000
1403	原材料	借方	人民币	1	550 000
1405	库存商品	借方	人民币	1	9 080 000
1511	长期股权投资	借方	人民币	1	120 000 000
1601	固定资产	借方	人民币	1	24 000 000
1602	累计折旧	贷方	人民币	1	6 650 000
2202.02	明细应付款	贷方	人民币	1	20 000
4001	实收资本	贷方	人民币	1	134 753 000
4101	盈余公积	贷方	人民币	1	16 200 000
1002	银行存款	借方	美元	6.4	100 000

(3) 柴油机本部账簿初始余额情况如表4-13所示。

表4-13 柴油机本部账簿初始余额

科目编码	科目名称	余额方向	币别	汇率	期初余额(原币)
1001	库存现金	借方	人民币	1	50 000
1002	银行存款	借方	人民币	1	3 000 000
1221.03	员工往来	借方	人民币	1	3000
1511	长期股权投资	借方	人民币	1	40 000 000
1601	固定资产	借方	人民币	1	20 000 000
1602	累计折旧	贷方	人民币	1	4 750 000
4001	实收资本	贷方	人民币	1	53 543 000
4101	盈余公积	贷方	人民币	1	5 400 000
1002	银行存款	借方	美元	6.4	100 000

(4) 总装账簿初始余额情况如表4-14所示。

表4-14 总装账簿初始余额

科目编码	科目名称	余额方向	币别	汇率	期初余额(原币)
1001	库存现金	借方	人民币	1	50 000
1002	银行存款	借方	人民币	1	100 000
1403	原材料	借方	人民币	1	500 000
1405	库存商品	借方	人民币	1	9 000 000
1511	长期股权投资	借方	人民币	1	40 000 000
1601	固定资产	借方	人民币	1	2 000 000
1602	累计折旧	贷方	人民币	1	950 000
2202.02	明细应付款	贷方	人民币	1	20 000
4001	实收资本	贷方	人民币	1	45 280 000
4101	盈余公积	贷方	人民币	1	5 400 000

(5) 机加账簿初始余额情况如表4-15所示。

表4-15 机加账簿初始余额

科目编码	科目名称	余额方向	币别	汇率	期初余额(原币)
1001	库存现金	借方	人民币	1	50 000
1002	银行存款	借方	人民币	1	100 000
1403	原材料	借方	人民币	1	50 000
1405	库存商品	借方	人民币	1	80 000
1511	长期股权投资	借方	人民币	1	40 000 000
1601	固定资产	借方	人民币	1	2 000 000
1602	累计折旧	贷方	人民币	1	950 000
4001	实收资本	贷方	人民币	1	35 930 000
4101	盈余公积	贷方	人民币	1	5 400 000

(6) 变电器账簿初始余额情况如表4-16所示。

表4-16　变电器账簿初始余额

科目编码	科目名称	余额方向	币别	汇率	期初余额(原币)
1001	库存现金	借方	人民币	1	50 000
1002	银行存款	借方	人民币	1	300 000
1403	原材料	借方	人民币	1	70 000
1405	库存商品	借方	人民币	1	700 000
1511	长期股权投资	借方	人民币	1	40 000 000
1601	固定资产	借方	人民币	1	2 000 000
1602	累计折旧	贷方	人民币	1	950 000
4001	实收资本	贷方	人民币	1	36 770 000
4101	盈余公积	贷方	人民币	1	5 400 000

(7) 销售公司账簿初始余额情况如表4-17所示。

表4-17　销售公司账簿初始余额

科目编码	科目名称	余额方向	币别	汇率	期初余额(原币)
1001	库存现金	借方	人民币	1	50 000
1002	银行存款	借方	人民币	1	300 000
1122	应收账款	借方	人民币	1	30 000
1405	库存商品	借方	人民币	1	9 870 000
1511	长期股权投资	借方	人民币	1	40 000 000
1601	固定资产	借方	人民币	1	20 000 000
1602	累计折旧	贷方	人民币	1	4 750 000
4001	实收资本	贷方	人民币	1	60 100 000
4101	盈余公积	贷方	人民币	1	5 400 000

【操作指导】

1. 设置基础资料

(1) 信息管理员李伟登录金蝶K/3 Cloud系统。

双击桌面快捷图标"金蝶K/3 Cloud",打开K/3 Cloud登录页面,输入需要登录的数据中心信息。

当前数据中心:本案例选择"蓝海机械总公司"。

选择命名用户身份登录。

用户名:李伟。

密码:666666。

单击【登录】按钮,进入K/3 Cloud主页,单击右侧的【所有功能】可打开全部功能菜单,如图4-3所示。

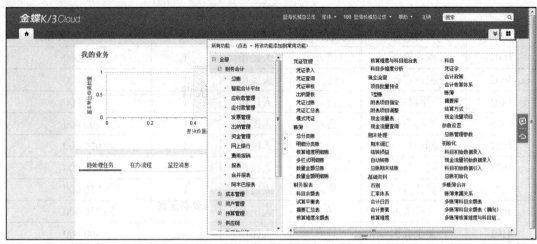

图4-3 k/3 Cloud主页功能菜单页面

(2) 设置币别

执行【财务会计】—【总账】—【基础资料】—【币别】命令，打开币别列表页面，可见系统已经内置了人民币和美元两种币别，勾选美元后，单击【提交】【审核】按钮，完成对美元的审核，如图4-4所示。

图4-4 币别列表

注意：

在币别列表中显示的币别信息，只有审核后才可以在后续业务处理中使用。

当系统中预置的币别不能满足业务要求时，可在币别列表页面单击【新增】按钮，打开币别-新增页面，根据企业业务情况输入信息并保存币别信息，币别的相关属性如表4-18所示。

表4-18 币别属性

字段名	说明
编码	定义货币的系统编码
名称	定义货币的系统名称
货币代码	定义货币的代码，如人民币的货币代码：CNY
货币符号	定义货币的符号，如人民币的货币符号：¥

(续表)

字段名	说明
单价精度	定义货币所属业务的单价精度，录入或查询单价时以此处设置的精度显示对应币别单价的小数位数
金额精度	定义货币所属业务的金额精度，录入或查询金额时以此处设置的精度显示对应币别金额的小数位数
中间币	选中此选项，定义货币为中间币，系统在计算汇率时如果未找到直接或间接汇率，将使用具有中间币属性的币别来换算汇率
优先级	定义货币具有中间币功能的优先顺序，系统在使用中间币换算汇率时，将根据中间币的优先级依次换算，直到找到换算关系计算出汇率。当勾选"中间币"后，该字段才可用

(3) 设置汇率体系

执行【财务会计】—【总账】—【基础资料】—【汇率体系】命令，打开汇率列表页面，单击【新增】按钮，打开汇率-新增页面，根据实验数据正确输入，完成后依次单击【保存】【提交】和【审核】按钮，完成汇率设置。

(4) 设置会计科目

① 修改科目属性。执行【财务会计】—【总账】—【基础资料】—【科目】命令，打开科目列表页面，根据实验数据修改已有科目属性，双击要修改的科目，打开科目-修改页面，如图4-5所示，根据实验数据进行修改，科目的相关属性说明如表4-19所示。

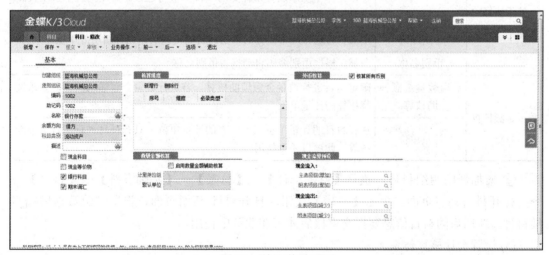

图4-5 科目-修改页面

表4-19 科目属性

位置	字段	说明
基本设置	余额方向	定义科目的余额方向，系统自动根据科目所属类别的方向携带，用户也可手工修改
	科目类别	定义科目所属的科目类别。如果用户单击科目目录结构的科目类别新增科目，则系统自动携带科目类别到科目的新增界面

(续表)

位置	字段	说明
核算维度	核算维度	定义科目的核算维度范围。用户可以设置核算维度的必录属性。科目审核后，其核算维度如果是必录类型，允许修改为可选类型。科目允许新增核算维度
相关属性	现金科目	选中此选项，则定义科目为现金类科目
	现金等价物	选中此选项，则定义科目为现金等价物
	银行科目	选中此选项，则定义科目为银行类科目
	期末调汇	选中此选项，则定义科目参与期末调汇。科目必须核算外币，且勾选此选项，期末调汇才能对该科目进行调汇处理。科目审核后，如果增加外币核算，该选项仍然允许勾选
现金流量预设	主表项目	预设科目在现金流入或者流出时的主表项目。凭证指定流量时，系统根据现金流量的方向自动携带科目在该方向预设的主表项目。科目审核后，该项目仍然允许设置
	附表项目	预设科目在现金流入或者流出时的附表项目。凭证指定流量时，系统根据现金流量的方向自动携带科目在该方向预设的附表项目。科目审核后，该项目仍然允许设置
外币核算	核算所有币别	如果科目在启用时，无法判断需要使用的币种，建议勾选此选项。勾选该选项后，该科目核算当前币别基础资料中所有已审核未禁用的币种，无需手工添加外币核算的项目；未勾选时，需在列表中手工设置科目核算的外币
	币别编码	定义科目进行外币核算的币别。科目审核后，允许新增外币核算
	币别名称	灰显，根据币别编码自动携带币别名称
数量金额核算	启用数量金额辅助核算	确定是否进行数量金额辅助核算。若进行数量金额辅助核算，要求选择核算的计量单位
	计量单位	选择科目的计量单位组及缺省的计量单位。只有科目进行了数量金额核算，此项目才可使用

② 增加新的明细科目。执行【财务会计】—【总账】—【基础资料】—【科目】命令，打开科目列表页面，单击【新增】按钮，打开科目-新增页面，根据实验数据增加明细科目。新增后的科目信息要提交审核后才可在业务中使用。

(5) 设置会计核算体系

① 修改系统预置的会计核算体系。执行【财务会计】—【总账】—【基础资料】—【会计核算体系】命令，打开会计核算体系页面，勾选系统预置的核算体系后，单击【反审核】按钮，双击打开会计核算体系修改页面，根据实验数据要求将其修改成"法人核算体系"，如图4-6所示，修改后单击【提交】【审核】按钮完成审核。

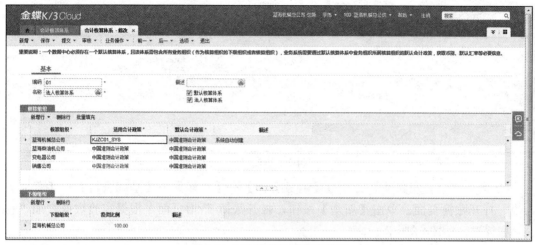

图4-6 会计核算体系修改页面

② 根据实验要求增加会计核算体系。执行【财务会计】—【总账】—【基础资料】—【会计核算体系】命令,打开会计核算体系页面。单击【新增】按钮,打开会计核算体系-新增页面,根据实验数据新增"利润中心核算体系",保存成功并审核。核算体系相关属性说明如表4-20所示。

表4-20 核算体系属性说明

位置	字段	说明
单据头	法人核算体系	选中此选项,定义会计核算体系为默认体系。一个数据中心仅有一个默认的会计核算体系。法人核算体系的选项控制体现在:如其他入库单成本暂估时,系统根据法人核算体系下对应核算组织的默认会计政策进行核算;另外,业务系统的单据在取默认汇率时,根据法人核算体系核算组织的默认会计政策设置的默认汇率类型进行汇率取值
核算组织	核算组织	定义会计核算体系的核算组织。系统仅支持查询并选择核算组织类型的组织机构
核算组织	适用会计政策	定义核算组织适用的会计政策,允许多选
核算组织	默认会计政策	在核算组织适用的会计政策中选择一个作为默认会计政策
下级组织	下级组织	定义核算组织的下级组织。需要注意的是,核算组织页签中的一个核算组织对应整个下级组织页签
下级组织	投资比例	定义核算组织在下级组织的投资比例。类型为标准时,则投资比例统一为100%;类型为合并时,则可以输入0~100以内的数值。此项目前仅为备注信息,无相关控制作用

(6) 设置账簿体系

① 切换组织。根据实验数据增加"总公司账簿",单击右上方组织显示位置,切换组织到蓝海机械总公司,如图4-7所示。

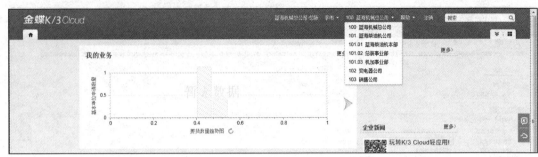

图4-7 切换组织

② 增加"总公司账簿"。执行【财务会计】—【总账】—【基础资料】—【账簿】命令，打开账簿页面。单击【新增】按钮，打开账簿-新增页面，根据实验数据增加"总公司账簿"，如图4-8所示。

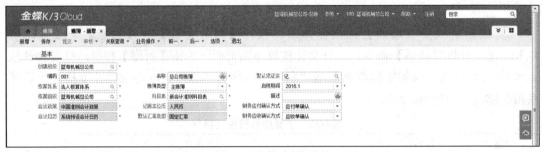

图4-8 账簿-新增页面

③ 增加其他账簿。重复上述第一步和第二步的操作，新增其他公司账簿，保证创建组织和核算组织一致。

④ 审核所有账簿。执行【财务会计】—【总账】—【基础资料】—【账簿】命令，打开账簿页面，勾选新增的全部账簿信息，单击【提交】【审核】按钮，完成账簿审核，如图4-9所示。

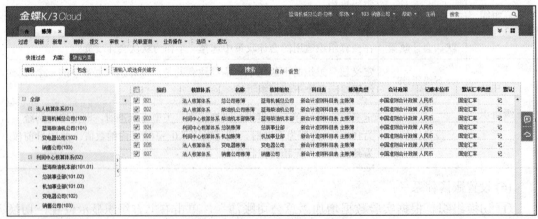

图4-9 账簿页面

(7) 设置物料信息

① 点击右上方组织显示位置，切换组织到总装事业部，如图4-10所示。

第 4 章 总账管理 | 49

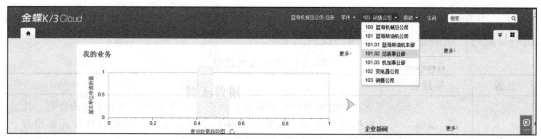

图4-10 切换组织

② 新增物料 "50kw柴油机"。执行【基础管理】—【基础资料】—【主数据】—【物料】命令，打开物料新增页面，填写编码为 "1.100"，名称为 "50kw柴油机"。在【基本】页签中，选择物理属性为 "自制"，存货类别为 "产成品"，如图4-11所示。然后单击【保存】【提交】【审核】按钮完成物料新增和审核。

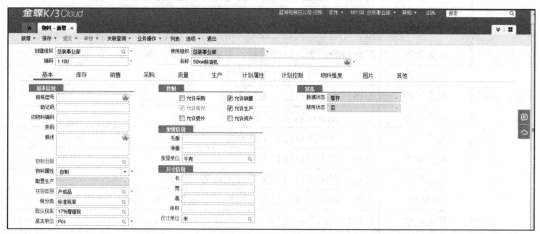

图4-11 物料新增页面

③ 将新增的 "50kw柴油机" 分配销售公司。执行【基础管理】—【基础资料】—【主数据】—【物料列表】命令，打开物料列表页面，勾选 "50kw柴油机" 后，选择【业务操作】—【分配】，打开分配组织页面，如图4-12所示，勾选销售公司后，单击【确定】按钮将物料分配给销售公司使用，并在后续打开的物料列表页面审核分配给销售公司的物料。

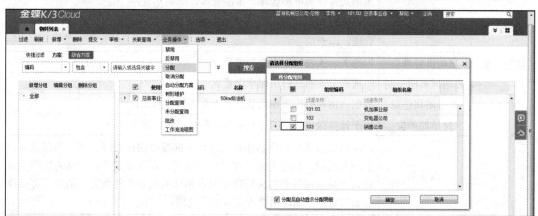

图4-12 分配组织页面

④ 参考前面步骤，根据物料的实验数据新增其他物料并分配到对应组织中。在填写物料信息时，主要字段位置及属性说明见表4-21。

表4-21 物料属性说明

位置	字段名	说明
单据头	编码	企业根据物料的性质设定的代码，主要是为了便于企业的库存、生产和销售的管理。通常由产品的类别、尺寸、组成等特性元素组成。物料的编码必须具有唯一性，不允许重复
	名称	企业给物料定义的名字，此名字通常受到行业的限制，需要与行业的名字保持一致
基本页签	规格型号	物料的详细信息，通常包括物料的尺寸、型号、使用范围等用户关注的基础信息
	助记码	为了便于企业人员工作，而对物料设定的特殊的称呼
	物料属性	通常指物料的来源、用途、使用范围等特性。通常包括自制、委外、虚拟、外购等。例如"外购"指由供应商提供的物料，通常为原材料
	存货类别	指物料的种类，如原材料、半成品、成品、辅料等
	允许采购	勾选，表示可以进行采购业务
	允许销售	勾选，表示可以进行销售业务
	允许库存	勾选，表示可以进行库存业务
	允许生产	勾选，表示可以进行生产业务
	允许委外	勾选，表示可以进行委外生产业务
	允许资产	勾选，表示可以进行资产管理业务
	税分类	物料计税的方式，包含标准税率、减免税率、零税、免税
	默认税率	物料默认的计税比例，如增值税一般为17%
	基本单位	计量物料尺度的基准
库存页签	库存单位	物料进行库存管理的计量尺度
	辅助单位	对产品进行另一个角度计量的尺度，辅助单位不能和基本单位存在固定换算关系
	仓库	按贮存物品的性质可分为贮存原材料的、半成品的和成品的仓库；按建筑形式可分为单层仓库、多层仓库、圆筒形仓库
	仓位	库存物料通常按照不同的物料分类、分区管理的原则来存放，进行定位管理，即仓位
	启用批号管理	勾选表示该物料启用批号管理
	启用保质期控制	勾选表示该物料启用保质期管理
	批号附属信息	控制该物料的保质期信息，是否作为批号的属性
	保质期单位	用于计算保质长度的计量单位，保质期单位通常有日、月、年
	保质期	产品的保质期是指产品在正常条件下的质量保证期限。产品的保质期由生产者提供，标注在限时使用的产品上。在保质期内，产品的生产企业对该产品质量符合有关标准或明示担保的质量条件负责，销售者可以放心销售这些产品，消费者可以安全使用

(续表)

位置	字段名	说明
库存页签	启用序列号管理	勾选，表示该物料启用序列号管理
	序列号编码规则	序列号的编码规则
	业务范围	序列管理的范围；包含管理每个事务的序列号和仅管理发货序列号
	序列号生成时机	序列号参数的时机，包括自动生成和预先生成
	最小库存	设定库存预警的最小库存数量
	最大库存	设定库存预警的最大库存数量
	安全库存	设定库存预警的安全库存数量
	再订货点	设定库存预警的再订货库存数量

(8) 设置客户信息

① 单击右上方组织显示位置，切换组织到销售公司。

② 新增客户"大宇机械"。执行【基础管理】—【基础资料】—【主数据】—【客户】命令，打开客户-新增页面，填写编码为"CUST0002"，名称为"大宇机械"。在【基本信息】页签中，选择客户类别为"普通销售客户"，在【商务信息】页签选择结算币别为"人民币"，如图4-13所示。然后单击【保存】【提交】【审核】按钮完成客户新增和审核。

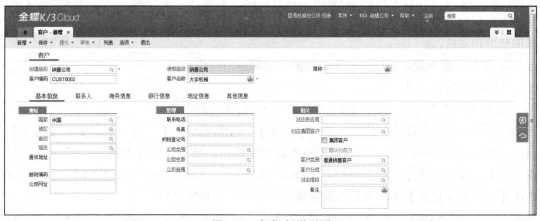

图4-13 客户-新增页面

③ 将新增的"大宇机械"分配给变电器公司。执行【基础管理】—【基础资料】—【主数据】—【客户列表】命令，打开客户列表页面。勾选"大宇机械"后，选择【业务操作】—【分配】命令打开分配组织页面。勾选变电器公司后，单击【确定】按钮将客户分配给变电器公司使用，并在后续打开的客户列表页面审核分配给变电器公司的客户。

④ 参考前面的步骤，根据客户的实验数据新增其他客户并分配到对应组织中。

(9) 设置供应商信息

① 单击右上方组织显示位置，切换组织到总装事业部。

② 新增供应商"明锐五金"。

执行【基础管理】—【基础资料】—【主数据】—【供应商】命令，打开供应商-新增页面，填写编码为"VEN00001"，名称为"明锐五金"，然后单击【保存】【提交】【审核】按钮完成供应商新增和审核。

③ 参考前面步骤，根据供应商的实验数据新增其他供应商。

注意：

如果新增的供应商是内部供应商，必须正确填写【基本信息】页签中的"对应组织"字段。

(10) 设置部门信息

① 单击右上方组织显示位置，切换组织到蓝海柴油机本部。

② 新增部门"本部财务部"。执行【基础管理】—【基础资料】—【主数据】—【部门】命令，打开部门-新增页面。填写名称为"本部财务部"，在【部门属性】页签选择部门属性为"管理部门"，然后单击【保存】【提交】【审核】按钮完成部门新增和审核。

③ 参考前面步骤，根据部门实验数据新增其他部门。

(11) 设置岗位信息

① 单击右上方组织显示位置，切换组织到蓝海柴油机本部。

② 新增岗位"本部财务"。执行【基础管理】—【基础资料】—【公共资料】—【岗位信息】命令，打开岗位信息-新增页面。填写名称为"本部财务"，在【基本】页签选择所属部门"本部财务部"，然后单击【保存】【提交】【审核】按钮完成岗位信息的新增和审核。

③ 参考前面步骤，根据岗位实验数据新增其他岗位信息。

(12) 设置员工信息

① 单击右上方组织显示位置，切换组织到蓝海柴油机本部。

② 新增员工"张健"。执行【基础管理】—【基础资料】—【主数据】—【员工】命令，打开员工-新增页面，填写员工名称为"张健"，员工编号为"001"。在【员工任岗信息】页签单击【添加行】按钮并选择就任岗位为"本部财务"，如图4-14所示。然后单击【保存】【提交】【审核】按钮完成员工信息的新增和审核。

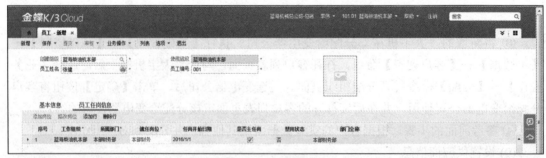

图4-14 员工新增页面

③ 参考前面步骤，根据员工实验数据新增其他员工信息。

(13) 设置业务员

执行【基础管理】—【基础资料】—【公共资料】—【业务员列表】命令，打开业务员列表页面，单击【新增】按钮，打开业务员-新增页面。在业务员类型中选择"财务人员"，在下方业务员分录中，新增两行，并选择职员为刘洋和王艳，如图4-15所示。填写完成后单击【保存】按钮完成业务员设置。

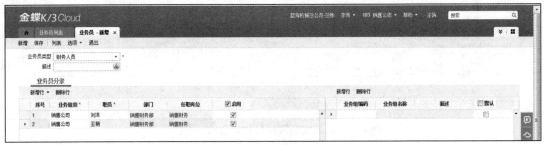

图4-15　业务员新增页面

2. 设置系统参数

以李伟身份登录系统，执行【财务会计】—【总账】—【参数设置】—【总账管理参数】命令，打开总账管理参数页面，如图4-16所示。按照提供的实验数据正确输入。

图4-16　总账管理参数

注意：

总账参数设置的对象是账簿，因此需要通过修改页面上的组织机构和账簿来设置本案例中7个账簿的总账参数信息。

3. 录入初始数据

(1) 单击右上方组织显示位置，切换组织到蓝海机械总公司。

(2) 录入"总公司账簿"的科目初始余额。执行【财务会计】—【总账】—【初始化】—【科目初始数据录入】命令，打开科目初始数据录入页面。选择账簿是"总公司账簿"，选择币别是"人民币"，根据总公司账簿的实验数据录入人民币初始余额，如图4-17所示，填写完成后单击【保存】按钮保存。

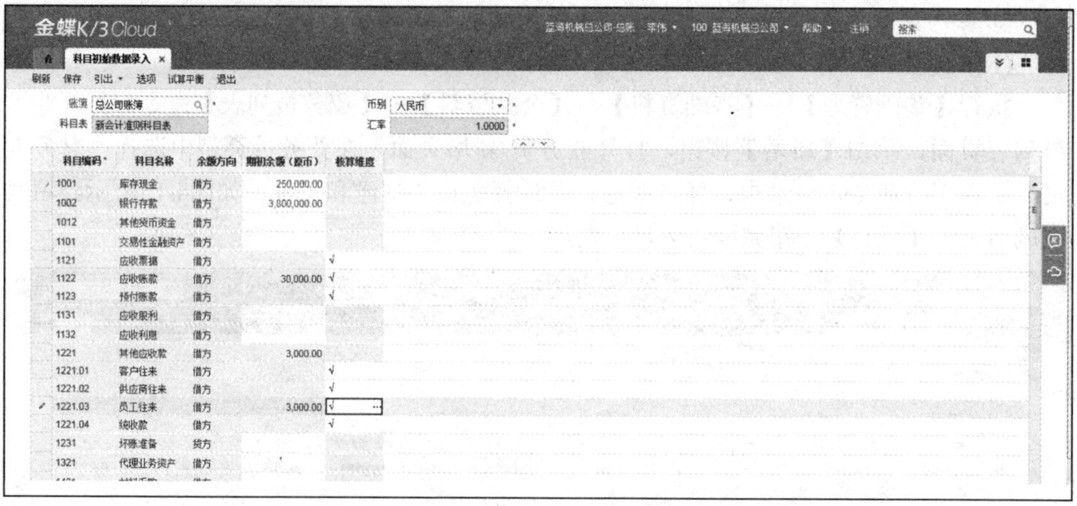

图4-17 总公司账簿科目初始余额—人民币

选择币别为"美元",填写汇率为6.4后,根据总公司账簿的实验数据录入美元初始余额,如图4-18所示,填写完成后单击【保存】按钮保存。

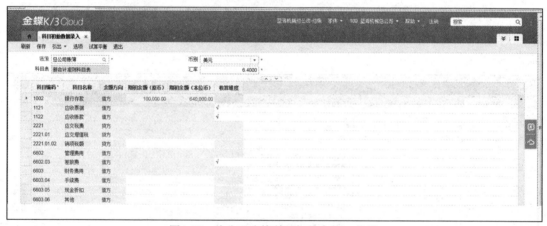

图4-18 总公司账簿科目初始余额—美元

注意:

① 在录入初始数据时,首先根据核算币别的不同,分别录入初始数据。

② 录入初始数据时,只需录入明细科目的期初余额,即白色的行。灰色的行是非明细科目,由系统自动汇总算出。

③ 对于有核算项目的会计科目,需通过单击对应会计科目行、核算项目列的带有"√"的单元格,进入分核算项目录入的窗口,其数据内容和普通窗口一致。

(3) 选择币别为"综合本位币"后,单击【试算平衡】按钮,查看总公司账簿初始余额的试算平衡表,如图4-19所示。

第 4 章 总账管理 | 55

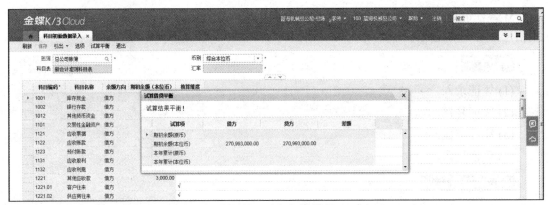

图4-19 录入初始数据

注意：

如果试算的结果不平衡，则系统不允许结束初始化。

(4) 参考以上步骤，根据实验数据中的各账簿初始余额情况完成其他6个账簿的初始余额录入。

4. 结束初始化

执行【财务会计】—【总账】—【初始化】—【总账初始化】命令，打开总账初始化页面，勾选全部账簿后，单击【结束初始化】按钮结束账簿初始化，如图4-20所示。

图4-20 总账初始化

注意：

① 一旦结束初始化，所有科目的初始数据将不能再修改、再录入。

② 如果发现初始化数据错误，可以通过反初始化，再进行修改。

实验二 日常凭证处理

应用场景

财务人员最日常的财务处理即是按照《中华人民共和国会计法》的要求根据原始单据制作会计凭证，并登记到相应的会计账簿中，月末由本部会计对所有会计凭证进行科目汇总，并试算平衡后登记总账，最终编制会计报表。

在会计信息系统中，最主要的工作即是制作会计凭证，登记会计账、科目汇总等可以由信息系统自动完成。

实验步骤

(1) 凭证录入。
(2) 凭证复核。
(3) 凭证审核。
(4) 凭证过账。

操作部门及人员

在蓝海柴油机本部，本部会计刘伟负责每月凭证制作，财务主管李静审核凭证，出纳王静复核凭证，月底本科会计对所有凭证进行过账处理。

实验前准备

将系统时间调整为2016-1-25。

实验数据

2016年1月发生的业务有：

(1) 1月2日，本部员工报销购买办公用品的费用500元。

  借：管理费用_办公费(本部财务部)   500
    贷：库存现金   500

(2) 1月10日，本部员工张健出差美国，借款1000美元(合人民币6400元)。

  借：其他应收款_员工往来(张健)   1000
    贷：银行存款   1000

(3) 1月20日，本部员工张健回来报销差旅费800美元，还款200美元。

  借：管理费用_差旅费(本部财务部/张健) 800
    银行存款   200
    贷：其他应收款_员工往来(张健) 1 000

操作指导

1. 凭证录入

以本部会计刘伟身份登录系统，执行【财务会计】—【总账】—【凭证管理】—【凭证录入】命令，打开凭证录入-新增页面。按照提供的实验数据逐笔正确输入记账凭证，如图4-21所示。输入完成后单击【保存】按钮完成凭证制作。

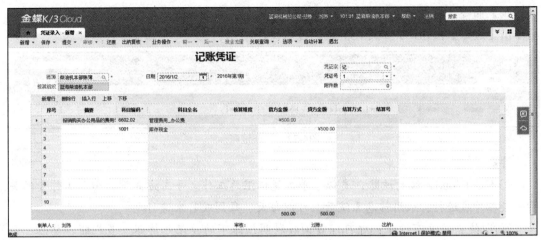

图4-21 凭证新增

注意：

① 在录入摘要的过程中，可以通过手工输入，也可以从摘要库选择。

② 对于提现等一些只涉及金额改动的会计凭证，可以使用模式凭证来加速会计凭证的制作。即将常用凭证的摘要和科目等内容保存为模式凭证，制作凭证时调入模式凭证，修改相关内容后，保存即可。

③ 凭证输入时，可以通过按F8键来查询科目代码等相关信息。

④ 当会计科目设置外币核算时或选中工具栏【选项】菜单组下的【外币】时，会显示"币别""汇率类型"和"汇率"这三列。系统默认显示账簿的记账本位币、默认汇率类型和汇率。如果勾选了总账系统参数"凭证中的汇率允许手工修改"，则用户可以修改汇率；否则，只能使用汇率体系中的汇率信息。

⑤ 如果制作的凭证错误，在未审核前可以直接修改；如果已审核但没过账(登账)，则可以反审核，然后再修改；如果已过账(登账)，则可以使用"凭证冲销"功能，先生成一张红字凭证，再手工制作一张蓝字凭证。错误的凭证也可以直接删除。删除是不可逆操作，删除后无法恢复。已经审核或过账的凭证不能删除。

2. 凭证复核

以出纳王静身份登录系统，执行【财务会计】—【总账】—【凭证管理】—【出纳复核】命令，打开出纳复核页面，勾选之前录入的三张凭证后，单击【出纳复核】按钮，完成出纳复核操作。

3. 凭证审核

以财务主管李静身份登录系统，执行【财务会计】—【总账】—【凭证管理】—【凭证审核】命令，打开凭证审核页面，勾选之前录入的三张凭证后，依次单击【提交】【审核】按钮完成凭证审核操作。凭证审核后不能再进行修改，凭证审核后可以进行反审核。

4. 凭证过账

以本部会计刘伟身份登录系统，执行【财务会计】—【总账】—【凭证管理】—【凭证过账】命令,打开凭证过账页面,如图4-22所示。勾选需要过账的账簿并设置过账范围后单击【过账】按钮,完成账簿凭证的过账操作。

图4-22 凭证过账

注意:

① K/3 Cloud系统的过账,类似于手工凭证汇总工作。手工方式下,由于工作量的关系一般在月底进行,采用信息系统后,可以每天、每周或月末进行。

② 即使系统没有过账,也可以查询各种明细账下的登记账簿账、多栏账、总账、余额表等内容,就是我们通常所说的模拟记账。

③ 过账操作之前,请打开【凭证查询】功能的【业务操作-凭证整理】菜单进行账簿的凭证断号检查,账簿待过账凭证如果存在断号,系统是不允许过账的。

④ 凭证过账后不可以反过账。

输出表单

(1) 凭证汇总表

执行【财务会计】—【总账】—【凭证管理】—【凭证汇总表】命令,弹出【过滤条件】对话框,选择需要查询的账簿,币别选择【综合本位币】,单击【确定】按钮,进入凭证汇总表页面,系统列出了对应账簿在指定日期会计科目的借方发生额汇总数及贷方发生额汇总数。

(2) 总分类账

执行【财务会计】—【总账】—【账簿】—【总分类账】命令,弹出【过滤条件】对话框,单击【确定】按钮,进入总分类账窗口,系统列出了指定期间指定会计科目的期初余额、本期借方发生额合计及贷方发生额合计、期末余额。

实验三 期末调汇

应用场景

对于有外币业务的凭证,期末需要根据记账汇率对科目余额进行相应调整。

实验步骤

(1) 修改汇率体系。
(2) 期末调汇。
(3) 调汇凭证审核。
(4) 调汇凭证过账。

操作部门及人员

本部会计刘伟负责进行期末调汇的操作,生成凭证,由本部财务主管李静对凭证进行审核,本部会计刘伟进行凭证过账。

实验前准备

(1) 将系统时间调整为2016-1-31。
(2) 接实验二继续练习。

实验数据

2016年1月31日开始,美元的汇率为6.5,在柴油机本部账簿中需要对美元账户进行期末调汇,汇兑损益计入财务费用。

操作指导

1. 修改汇率

以本部会计刘伟登录系统,执行【财务会计】—【总账】—【基础资料】—【汇率体系】命令,进入汇率体系页面。选择【固定汇率】,单击【新增】按钮,新增一个汇率,原币为美元,目标币为人民币,直接汇率为6.5,生效日期为2016-1-31,失效日期为2016-2-28。保存后再进行提交审核,修改后的汇率体系,如图4-23所示。

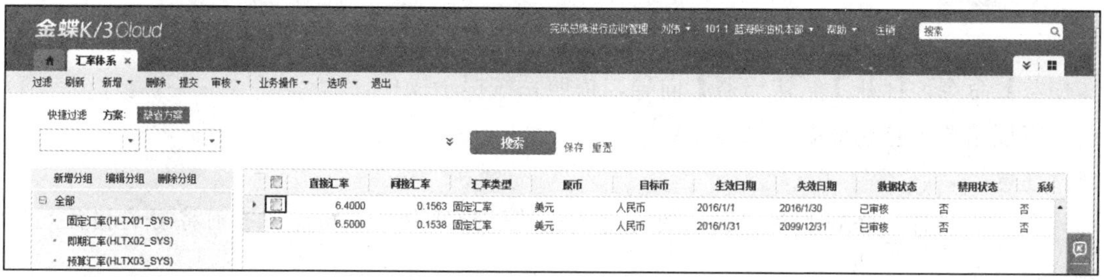

图4-23 汇率体系

2. 调汇

以本部会计刘伟登录系统,执行【财务会计】—【总账】—【期末处理】—【期末调汇】命令,打开【期末调汇】向导。选择账簿为"柴油机本部账簿",单击【下一步】按钮,选择汇率类型为"固定汇率",调汇日期为"2016-1-31"。然后单击【下一步】按钮,选择汇兑损益科目为"6603.03 汇兑损益";凭证日期为"2016-1-31",凭证字为"记",凭证摘要为"结转汇兑损益";单击【下一步】按钮系统自动生成一张凭证。单击【完成】按钮,完成期末调汇操作。

调汇凭证的审核、过账操作参考前述介绍。

实验四 结转损益

应用场景

为了正确编制损益表,月末需要将损益类科目实际发生额自动转入"本年利润"科目。

实验步骤

(1) 自动结转损益。
(2) 结转损益凭证审核。
(3) 结转损益凭证过账。

操作部门及人员

本部会计刘伟负责进行自动结转损益的操作,由本部财务主管李静对凭证进行审核,本部会计刘伟进行凭证过账。

实验前准备

(1) 将系统时间调整为2016-1-31。
(2) 接实验三继续练习。

实验数据

1月31日,将所有损益类科目实际发生额结转到本年利润科目中。
凭证类型:损益。
凭证生成方式:按普通方式结转。

操作指导

以本部会计刘伟身份登录系统,执行【财务会计】—【总账】—【期末处理】—【结转损益】命令,打开【结转损益】向导,依照系统提示操作。
审核结账损益凭证并过账。

注意:

损益类科目结转到本年利润必须使用系统提供的结转损益功能,否则将影响损益表的正确性。

上述实验做完后,备份账套,备份文件名为"F蓝海机械总公司(应收款管理前账套)"。

实验五 期末结账

应用场景

了解期末结账的方法,待相关系统业务都处理完毕,凭证全部生成,并审核、过账后,再做结账工作。

实验步骤

期末结账。

操作部门及人员

本部会计刘伟进行期末结账处理。

实验前准备

(1) 将系统时间调整为2016-1-31。

(2) 接实验四继续练习。

实验数据

无。

操作指导

执行【财务会计】—【总账】—【期末处理】—【总账期末结账】命令，打开期末结账页面，勾选账簿后单击【结账】按钮完成结账操作，系统进入下一会计期间，可以看到当前会计期间为：2016.2。

注意：

① 期末结账是本期工作的最后一项工作，一定要慎重，确保前面工作都完成后再进行结账。

② 系统还提供反结账的功能，建议大家不要轻易进行结账、反结账处理。

第 5 章　应收款管理

5.1 系统概述

应收款管理系统的任务是通过应收单、其他应收单、收款单等单据的录入，对企业的往来账款进行综合管理，及时、准确地提供客户的往来账款增减变动及余额清空，使会计人员和企业管理人员能及时掌握企业的资金流动状况和货款收回情况，对过期未收回的款项进行及时有效的催款和清理，从而加强对销售过程的控制和管理，加速资金周转，最大限度地减少坏账损失，提高企业的经济效益。应收账款核算系统还能够提供各种分析报表，如应收款账龄分析表、到期债权表、往来对账明细表、应收单跟踪表、应收款汇总表、应收款明细表等。应收款管理系统既可独立运行，又可与总账系统、出纳管理、供应链系统等其他系统结合使用，提供完整的业务处理和财务管理信息。

5.1.1 应收款系统基本业务流程

应收业务的处理通常处于完整销售业务的末端，包括以下几个环节。

财务登记应收款→出纳收款→核销往来账→凭证制作

(1) 财务一般根据发票或其他应收单，登记应收账，如果应收独立使用，则可以直接在应收系统中输入发票及其他应收单。如果同时启用了供应链系统，则发票直接在供应链系统输入，保存后自动传递到应收系统，往来账会计只需添加相关的往来信息即可，同时，应收凭证也由供应链系统制作完成后传递到应收系统。

(2) 收款单据输入及收款凭证制作则在应收系统完成。

财务处理在金蝶K/3 Cloud应收款管理系统中的主要操作流程如图5-1所示。

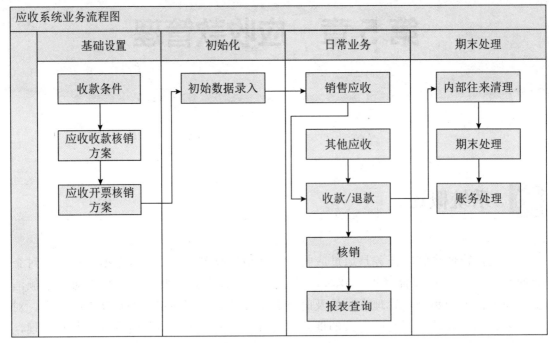

图5-1 应收系统主要操作流程

5.1.2 重点功能概述

应收款管理系统主要处理如下业务：销售应收、其他应收、应收开票、到期收款等，具体功能如下。

(1) 通过应收单管理销售业务应收

各个企业确定销售应收款项的环节不一样，有的企业发货后确认，有的企业根据订单确认。为了满足不同企业的应用方式，本系统通过应收单来确认销售产生的应收款项。在系统中应收单是企业对销售应收进行管理的唯一单据，销售业务是否开票、是否收款以及账龄分析等都是以应收单为依据。

(2) 通过其他应收单管理其他业务应收

除了产品销售，企业还会有很多其他原因产生的应收款项，例如对客户、供应商的罚款等。本系统通过其他应收单来确认除销售业务外产生的应收款项。该部分应收款项确认是通过其他应收单来实现的。在系统中，其他应收单是企业除销售业务外应收账款管理的依据。

(3) 应收开票

企业可以根据自己的实际情况在发货后、收到订单后等时点确认应收，确认应收后还需要开具销售发票，这个过程即为应收开票。由于企业确认应收的时点与开具发票的时点会有差异，所以应收单与发票的金额可能会存在差异，但是最后的应收款项应该以发票为准,所以还需要将应收单与发票进行核对,根据发票金额对应收金额进行调整,系统因此提供了应收开票核销功能。

(4) 到期收款

及时收款是保证企业良好运作的关键因素,而应收款在确认时,就已经同时确定了收款计划。一般销售业务人员在款项快到期时,会向客户催款,以保证资金能够按期收回,而具体的收款一般是由出纳负责的。在系统中收款是通过收款单实现的。

(5) 应收业务核销

应收业务核销包括应收开票核销和应收收款核销。核销主要分为关联关系核销、匹配条件核销和特殊业务核销。

关联关系是指通过单据转换功能,通过上游单据生成下游单据,在下游单据审核时,系统会自动执行核销。例如,通过应收单生成收款单,在收款单审核时,系统会自动对应收单和收款单进行应收收款核销。

匹配条件核销是指系统根据用户选择的核销方案,对系统单据进行批量的核销。在系统中,应收收款的匹配条件核销通过菜单中的【应收收款核销】进行。在单据间没有关联关系的情况下,匹配条件核销为用户的最主要核销方式。通过匹配条件核销,可以将用户大多数的单据核销完毕。

特殊业务核销可以对任何单据进行核销,但是建议仅在需要对单据尾数冲销或者不同往来单位的应收单和收款单核销时才使用该功能。特殊业务核销前可以设置生成的应收核销单的业务日期。

(6) 组织间内部交易

除了企业外部的交易业务,集团型企业内部不同法人之间、利润中心之间甚至部门之间也经常会存在交易,即是组织间交易。当组织间交易发生的两个组织是需要各自考核的情况下,就会涉及内部结算。

(7) 内部往来清理

对于组织间交易形成的内部往来,有时需要实际的现金收付或者开具发票,有时则不需要。针对不需要实际的现金收付或者开具发票的情况,很多企业都是在年末或者年中进行清理,即内部往来清理。在系统中分为内部应付清理和内部应收清理。

5.2 实验练习

实验一 系统初始化

应用场景

掌握应收系统初始化设置方法。

实验步骤

(1) 启用日期设置。
(2) 录入期初单据。
(3) 结束初始化。

操作部门及人员

由信息管理员李伟对销售公司应收管理进行初始化业务操作，启用日期设置、录入期初单据，并结束初始化的工作。

实验前准备

(1) 将系统日期调整为2016-1-1。
(2) 恢复前述备份账套"F蓝海机械总公司(应收款管理前账套)"。

实验数据

企业从2016年1月起开始实施上线K/3 Cloud，此时的业务期初应收款余额如表5-1所示。

表5-1　期初应收款余额

业务日期	客户	结算组织	产品	含税单价	数量	税率
2015.12.31	大宇机械	销售公司	50kw柴油机	30 000	1	17%

操作指导

1. 启用日期设置

信息管理员李伟登录金蝶K/3 Cloud主控台。执行【财务会计】—【出纳管理】—【初始化】—【启用日期设置】命令，设置结算组织"销售公司"的启用日期为2016-1-1，单击工具栏上的【启用】按钮，如图5-2和5-3所示。

图5-2　出纳管理初始化设置

信息管理员李伟登录金蝶K/3 Cloud主界面，执行【财务会计】—【应收款管理】—【初始化】—【启用日期设置】命令，勾选所有组织，并设置启用日期为：2016-1-1，单击工具栏上的【启用】按钮,如图5-4和图5-5所示。

图5-3 出纳管理启用日期设置

图5-4 应收款管理初始化设置

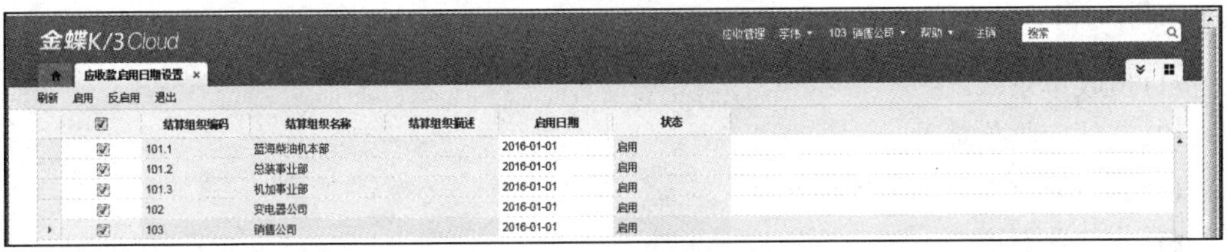

图5-5 应收款管理启用日期

2. 录入期初数据

信息管理员李伟登录金蝶K/3 Cloud主界面,执行【财务会计】—【应收款管理】—【初始化】—【期初应收单】命令,按照表5-1提供的实验数据正确输入,如图5-6所示。

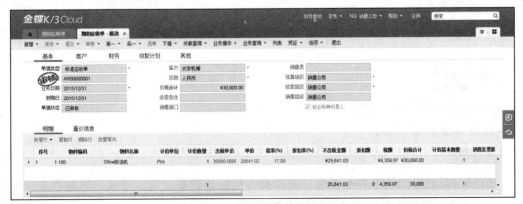

图5-6 期初应收单据录入

3. 结束初始化

以信息管理员李伟身份登录系统,执行【财务会计】—【应收款管理】—【初始化】—【应收款结束初始化】命令,选择所有组织结束初始化,单击工具栏上的【结束初始化】按钮,如图5-7所示。

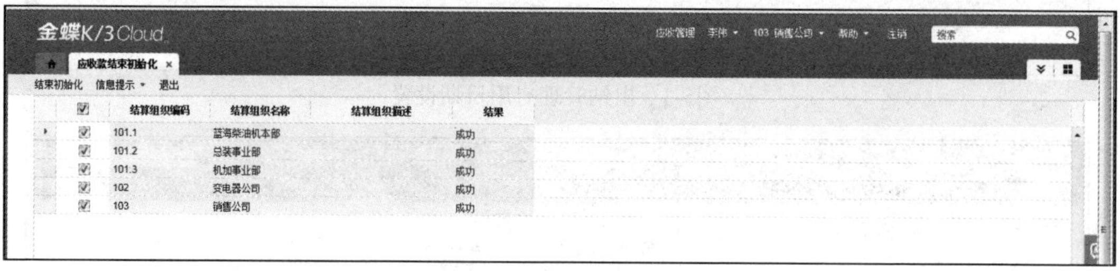

图5-7 应收款结束初始化

实验二 日常业务处理

应用场景

在销售业务发生的过程中,各个企业确定销售应收款项的环节不一样,有的企业发货后确认,有的企业根据订单确认。企业根据不同的业务场景,以应收单来确认企业销售产生的应收款项。

实验步骤

(1) 应收单录入。
(2) 其他应收单录入。
(3) 其他应收单下推生成收款单。
(4) 收款单新增。
(5) 应收收款核销。
(6) 应收转销。
(7) 内部应收清理。

操作部门及人员

财务部信息管理员李伟负责应收系统的业务操作,销售会计王艳负责收款单的业务操作。

实验前准备

(1) 将系统时间调整为2016-1-1。
(2) 接实验二继续练习。

实验数据

2016年1月发生的业务有:销售公司向东方机械销售柴油机,形成一笔应收单,销售会计王艳新增销售应收单,具体数据如表5-2所示。

第5章 应收款管理 | 69

表5-2 应收单

业务日期	客户	结算组织	币别	产品	含税单价	数量	税率
2016.1.1	东方机械	销售公司	美元	70kw柴油机	6000	5	17%

操作指导

1. 应收单录入

销售会计王艳登录金蝶K/3 Cloud主界面，执行【财务会计】—【应收款管理】—【销售应收】—【应收单列表】命令，并单击【新增】按钮，或执行【财务会计】—【应收款管理】—【销售应收】—【应收单新增】命令，进入应收单新增界面。根据表5-2所示实验数据，新增应收单之后，进入应收单列表并提交审核AR00000002单据，如图5-8所示。

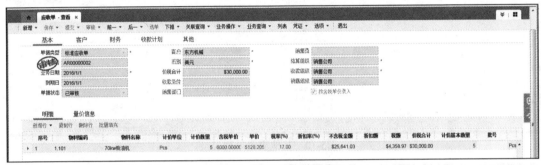

图5-8 新增销售应收单

2. 其他应收单录入

员工张健因违反公司规章罚款500元作为团队活动费用，形成一笔其他应收单，销售会计王艳新增其他应收单，具体数据如表5-3所示。

表5-3 其他应收单

业务日期	往来单位	结算组织	费用项目	费用承担部门	总金额
2016.1.1	王艳	销售公司	团队活动费用	销售财务部	500

销售会计王艳登录金蝶K/3 Cloud主界面，执行【财务会计】—【应收款管理】—【其他应收】—【其他应收单列表】命令，并单击【新增】按钮，或执行【财务会计】—【应收款管理】—【其他应收】—【其他应收单新增】命令，进入其他应收单-新增界面，录入其他应收单，并提交审核，如图5-9所示。

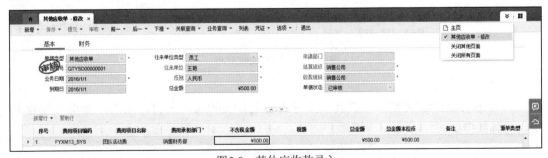

图5-9 其他应收款录入

3. 其他应收单下推生成收款单

2016年1月5日，张健向会计支付500元罚款，销售出纳刘洋根据其他应收单下推生成收款单。

销售出纳刘洋登录金蝶K/3 Cloud主界面,执行【财务会计】—【应收款管理】—【其他应收】—【其他应收单列表】命令,再单击【下推】—【生成收款单】按钮,进入收款单新增界面。录入收款单,以现金方式结算,并提交审核,如图5-10～图5-12所示。

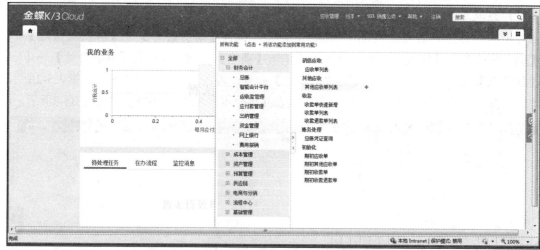

图5-10　其他应收单列表

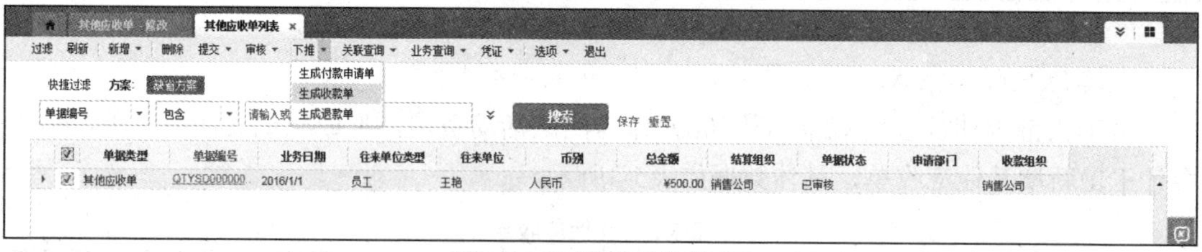

图5-11　下推生成收款单

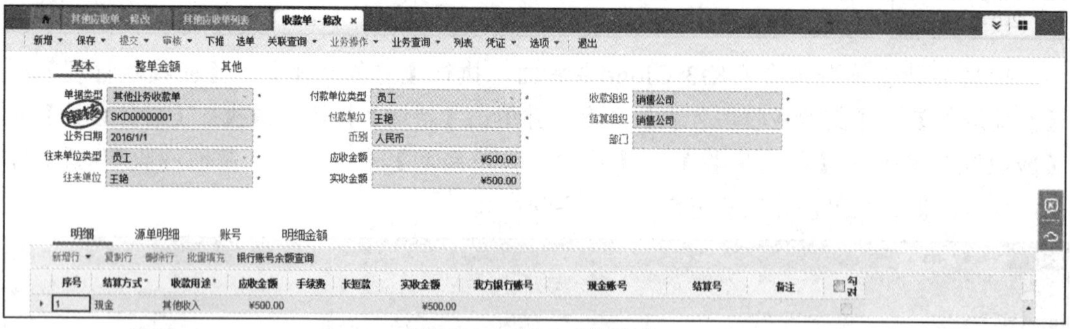

图5-12　审核完成收款单

4. 收款单新增

销售出纳刘洋收到客户大宇机械支付的现金30 000元,销售出纳刘洋新增一笔收款单,具体数据如表5-4所示。

表5-4　收款单

业务日期	往来/付款单位	收款/结算/销售组织	结算方式	应收金额	币别
2016.1.6	大宇机械	销售公司	现金	30 000	人民币

销售出纳刘洋登录金蝶K/3 Cloud主界面,执行【财务会计】—【应收款管理】—【收款】—【收款单快速新增】命令,根据实验数据录入信息并进行提交审核,收款单生成如图5-13所示。

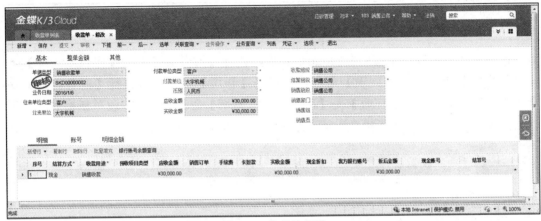

图5-13　收款单新增

5. 应收收款核销

销售会计王艳进行匹配核销,登录金蝶K/3 Cloud主界面,执行【财务会计】—【应收款管理】—【应收收款】—【应收收款核销】命令,如图5-14所示,点下一步直至核销完成。

执行【财务会计】—【应收款管理】—【应收收款】—【应收收款核销记录】命令,在应收收款核销记录界面可以看到应收单AR00000001与收款单SKD00000002的核销记录,如图5-15所示。

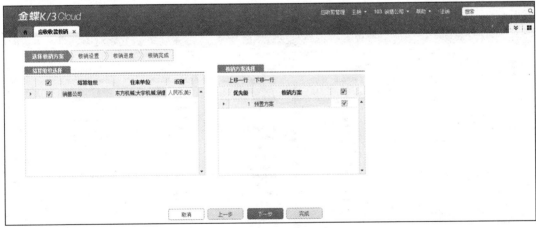

图5-14　应收收款核销

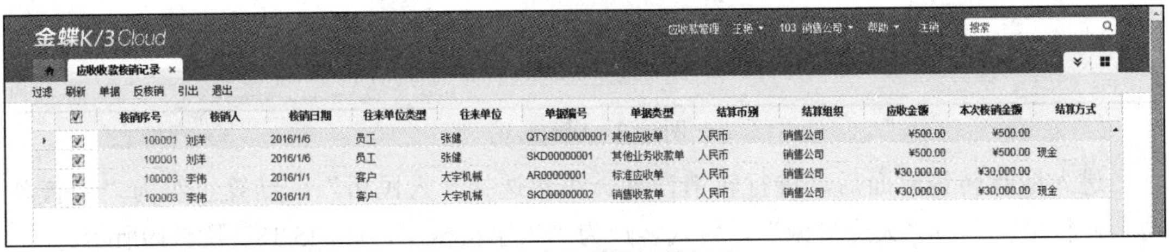

图5-15　应收收款核销记录

6. 应收转销

应收转销的应收单数据如表5-5所示。

表5-5 应收单

业务日期	客户	销售组织	物料名称	含税单价	计价数量	税率
2016.1.1	大成机械	销售公司	50kw柴油机	30 000	4	17%

销售会计王艳登录金蝶K/3 Cloud主界面，执行【财务会计】—【应收款管理】—【销售应收】—【应收单列表】命令，并单击【新增】按钮，或执行【财务会计】—【应收款管理】—【销售应收】—【应收单快速新增】命令，进入应收单新增界面，根据数据录入应收单，并进入提交审核，结果如图5-16所示。

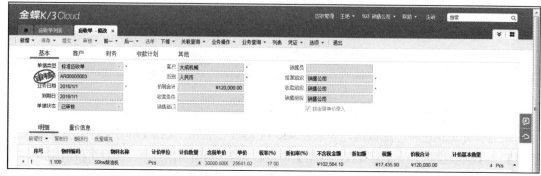

图5-16 应收单新增

销售会计王艳进行应收转销命令。登录金蝶K/3 Cloud主界面，执行【财务会计】—【应收款管理】—【应收收款】—【应收转销】命令，双击进入应收转销界面，如图5-17所示。

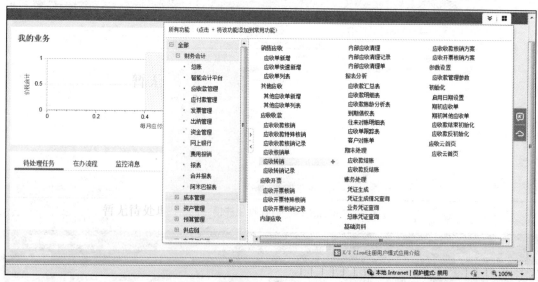

图5-17 应收转销

进入应收转销界面后，进行转销设置，币别选择"人民币"，结算组织为"销售公司"，转出客户为"大成机械"，转入客户为"大宇机械"，如图5-18、图5-19所示。

第 5 章 应收款管理

图5-18 转销设置

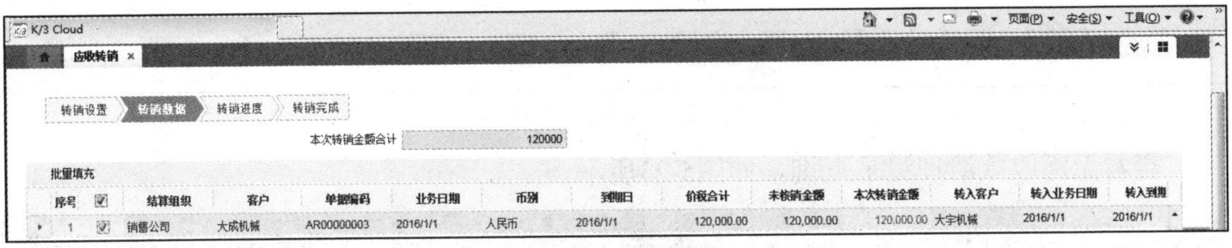

图5-19 转销数据

查看应收转销记录如图5-20所示。

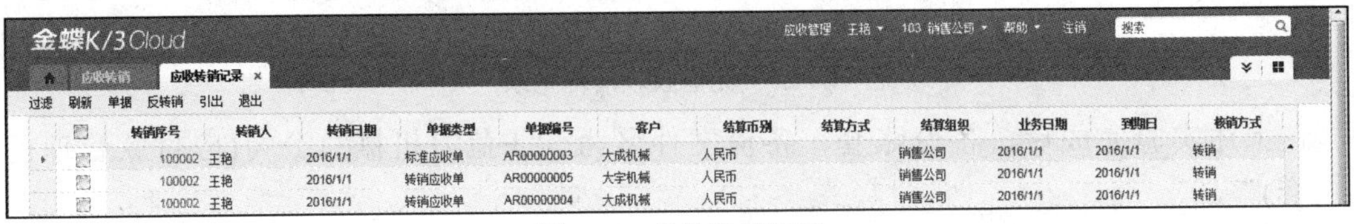

图5-20 应收转销记录

7. 内部应收清理

总装事业部门需要使用一台电脑，销售公司发现自己部门下面有一台多余的电脑库存，于是销售公司将多余的这台电脑以4000元的价格售给总装，形成应收单。后发现电脑不好操作，经部门之间协商后决定清理该内部应收。应收单数据如表5-6所示。

表5-6 应收单

业务日期	客户	销售组织	物料名称	含税单价	计价数量	税率
2016.1.1	总装事业部	销售公司	电脑	4000	1	

销售会计王艳登录金蝶K/3 Cloud主界面，执行【财务会计】—【应收款管理】—【销售应收】—【应收单列表】命令，单击【新增】按钮或执行【财务会计】—【应收款管理】—【销售应收】—【应收单快速新增】命令，进入应收单新增界面，根据实验数据录入应收单并提交审核，结果如图5-21所示。

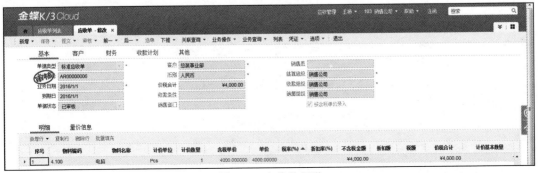

图5-21 应收单新增

销售会计王艳执行【财务会计】—【应收款管理】—【内部应收】—【内部应收清理】命令，进入无需收款清理界面，本次清理金额4000元，单击【清理】按钮，如图5-22所示。

图5-22　无需收款清理

查看无需收款清理记录查询，如图5-23所示。

图5-23　无需收款清理记录

上述实验完成后，备份账套，备份文件名为"F蓝海机械总公司(应付款管理前账套)"。

实验三　输出报表

执行【财务会计】—【应收款管理】—【报表分析】—【应收款汇总表】/【应收款明细表】命令，可以查看每一个往来单位每一笔应收账款的金额。

执行【财务会计】—【应收款管理】—【报表分析】—【到期债权表】命令，可以列出所有客户到期的应收账款金额及过期的天数，以方便催款。

执行【财务会计】—【应收款管理】—【报表分析】—【往来对账明细表】命令，当往来单位既是客户又是供应商时，可以查看与往来单位所有的往来业务。

执行【财务会计】—【应收款管理】—【报表分析】—【应收单跟踪表】命令，可以查询与应收业务有关的各种信息的报表，如应收单的订单情况、出库情况、开票情况、收款情况等。

第 6 章 应付款管理

6.1 系统概述

应付款管理系统的任务是通过应付单、其他应付单、付款单等单据的录入，对企业的往来账款进行综合管理，及时、准确地提供供应商的往来账款余额资料，及时反映本企业的流动负债数额及偿还流动负债所需资金，并提醒经营者及时、完整地偿还各项应付款项，以保证良好的供货关系，确保企业的赊购地位，并尽可能地享受到各种折扣优惠。另外应付款管理系统也可以提供各种分析报表，如应付款账龄分析表、到期债权表、往来对账明细表、应付单跟踪表、应付款汇总表、应付款明细表等。应付款管理系统既可以独立运行，又可与总账系统、出纳管理、供应链系统等其他系统结合使用，提供完整的业务处理和财务管理信息。

6.1.1 应付款管理基本业务流程

(1) 应付业务的处理通常处于完整采购业务的末端。

财务一般根据发票或其他应付单，登记应付账，如果应付独立使用，则可以直接在应付系统中输入发票及其他应付单。如果同时启用了供应链系统，则发票直接在供应链系统输入，保存后自动传递到应付系统，往来账会计只需添加相关的往来信息即可。同时，应付凭证也由供应链系统制作完成后传递到应付系统。

(2) 收款单据输入及收款凭证制作则在应付款系统完成。

财务处理在金蝶K/3 Cloud应付款管理系统中的主要操作流程，如图6-1所示。

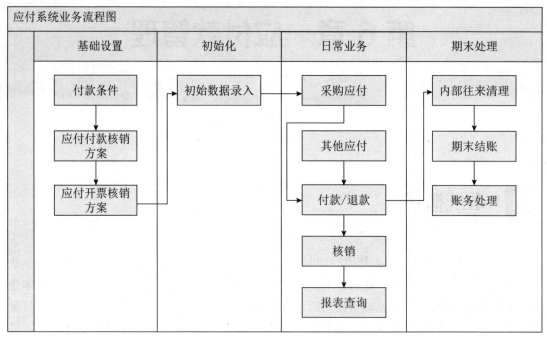

图6-1　应付系统主要操作流程

6.1.2　重点功能概述

应付款管理主要处理的业务有采购应付、其他应付、应付开票、到期付款。主要包括如下几个方面。

(1) 通过应付单管理采购业务应付

各个企业确定应付款项的环节不一样，有的企业入库后确认应付款项，有的企业发出订单就确认应付款项。为了满足不同企业的不同应用方式，系统通过应付单来确认应付款项。在系统中应付单是企业对采购应付进行管理的唯一单据，采购业务是否收到发票、是否付款以及账龄分析等都以应付单为依据。

(2) 通过其他应付单管理其他业务应付

除了材料采购，企业还会有很多其他原因产生的应付款项，如员工报销费用、要支付的一些行政费用等。本系统通过其他应付单来确认除采购业务外产生的应付款项。该部分应付款项确认是通过其他应付单来实现的。在系统中，其他应付单是企业除采购业务外应付账款管理的依据。

(3) 费用应付单

企业材料采购过程中，除了购买价款外还会发生一些相关的税费、运输费、装卸费等，故将应付单分为标准应付单和费用应付单。费用应付单主要用来解决企业这部分应付的结算。

(4) 到期付款

及时付款是保证企业良好信用的关键因素,而应付款在确认时,就已经同时确定了付款计划,即明确的到期日,一般采购业务人员在款项快到期时,会向财务部提出付款申请,而具体的付款一般是由出纳负责的。在系统中付款是通过付款单实现的。

(5) 应付业务核销

应付业务核销包括应付开票核销和应付付款核销。核销主要分为关联关系核销、匹配条件核销和特殊业务核销。

(6) 内部应付清理

对于组织间交易产生的内部往来,有时候不需要实际的现金支付或者开具发票,年末或者年中统一清理掉,所以应付款管理模块提供了内部应付清理功能。内部应付清理包括无需付款清理和无需开票清理。

6.2 实验练习

实验一　系统初始化

应用场景

掌握应付款系统初始化设置方法。

实验步骤

(1) 出纳管理启用日期设置。
(2) 录入期初现金。
(3) 应付款启用日期设置。
(4) 录入期初应付单。
(5) 结束初始化。

操作部门及人员

由信息管理员李伟对应付管理进行初始化业务操作,启用日期设置、录入期初单据,并结束初始化的工作。

实验前准备

将系统日期调整为2016-1-1。
恢复前述备份账套"F蓝海机械总公司(应付款管理前账套)"。

实验数据

企业信息管理员李伟对总装事业部及其他组织进行应付管理的初始化,由于总装事业部使用应付管理需要支付现金,因此在应付管理初始化之前需进行出纳管理的启用以及初始现金50 000元的录入。

操作指导

1. 出纳管理启用日期设置

信息管理员李伟登录金蝶K/3 Cloud主控台。执行【财务会计】—【出纳管理】—【初始化】—【启用日期设置】命令,设置结算组织"总装事业部"的启用日期为2016-1-1,单击工具栏上的【启用】按钮,如图6-2所示。

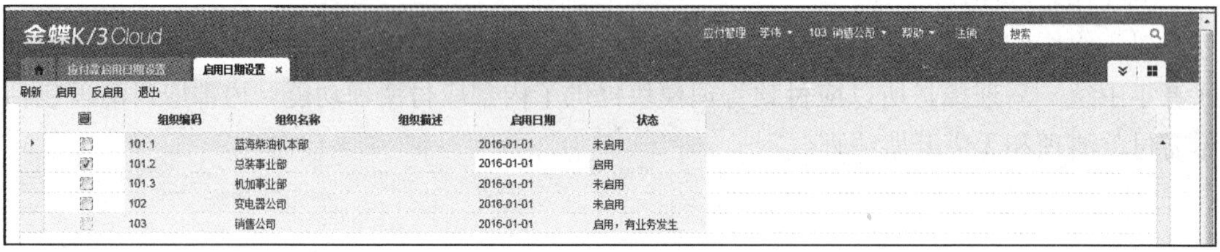

图6-2　出纳管理启用日期设置

2. 录入期初单据

信息管理员李伟登录金蝶K/3 Cloud主界面,执行【财务会计】—【出纳管理】—【初始化】—【现金期初】命令,录入现金期初余额单据,如图6-3所示。

图6-3　现金期初余额录入

3. 应付款启用日期设置

信息管理员李伟登录金蝶K/3 Cloud主界面,执行【财务会计】—【应付款管理】—【初始化】—【启用日期设置】命令,勾选所有结算组织,启用日期为2016-1-1,单击工具栏上的【启用】按钮,如图6-4所示。

图6-4　应付款启用日期设置

4. 录入期初应付单

期初应付单如表6-1所示。

表6-1 期初应付单

业务日期	供应商	结算组织	物料名称	含税单价	计价数量	税率
2015.12.31	明锐五金	总装事业部	气缸盖	500	40	17%

信息管理员李伟登录金蝶K/3 Cloud主界面,执行【财务会计】—【应付款管理】—【初始化】—【期初应付单】命令,单击【新增】按钮,录入期初应付单并提交审核,如图6-5所示。

图6-5 审核期初应付单

5. 结束初始化

以李伟身份登录系统,执行【财务会计】—【应付款管理】—【初始化】—【应付款结束初始化】命令,选择所有组织结束初始化,单击工具栏上的【结束初始化】按钮,如图6-6所示。

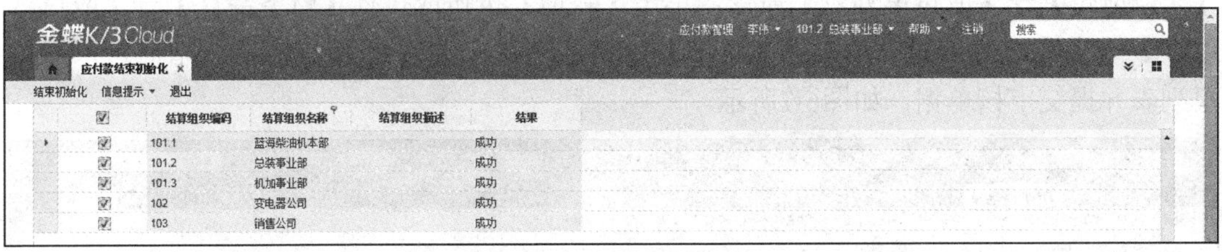

图6-6 应付款结束初始化

实验二 日常业务处理

应用场景

在采购业务发生的过程中,各个企业确定采购应付款项的环节不一样,有的企业收料后确认,有的企业根据采购订单确认。企业根据不同的业务场景,以应付单来确认企业采购产生的应付款项。

实验步骤

(1) 应付款录入。
(2) 其他应付单录入。
(3) 付款单录入。
(4) 应付付款核销。

(5) 应付转销。
(6) 内部应付清理。

操作部门及人员

财务部信息管理员李伟负责应付系统的业务操作，总装会计李秀英负责付款单的业务操作。

实验前准备

将系统时间调整为2016-1-1。
接实验一继续练习。

实验数据

2016年1月发生的业务：总装事业部向明锐五金采购一批原材料，形成一笔应付单，总装会计李秀英新增采购应付单，具体数据如表6-2所示。

表6-2　应付单

业务日期	供应商	物料代码	物料名称	数量	含税单价	税率
2016.1.1	明锐五金	3.110	轴承	5	2000	17%

操作指导

1. 应付单录入

总装会计李秀英登录金蝶K/3 Cloud主界面，执行【财务会计】—【应付款管理】—【采购应付】—【应付单列表】命令，单击【新增】按钮或执行【财务会计】—【应付款管理】—【采购应付】—【应付单新增】命令，进入应付单-新增界面，新增后进入应付单列表并提交审核单据，如图6-7所示。

图6-7　应付单-新增

2. 其他应付单录入

总装事业部员工李俊由于业绩出色，公司予以发放额外绩效奖金1000元，作为工资发放。形成一笔其他应付单，总装会计李秀英新增其他应付单，具体数据如表6-3所示。

表6-3　其他应付单

业务日期	往来单位	结算组织	费用项目	费用承担部门	总金额
2016.1.1	李俊	总装事业部	工资	总装财务部	1000

总装会计李秀英登录金蝶K/3 Cloud主界面，执行【财务会计】—【应付款管理】—

【其他应付】—【其他应付单列表】命令，单击【新增】按钮或执行【财务会计】—【应付款管理】—【其他应付】—【其他应付单新增】命令，进入其他应付单新增界面，录入其他应付单并进入提交审核，如图6-8所示。

图6-8　其他应付款录入

3. 付款单录入

总装事业部出纳张丽通过新增付款单，选择业务类型为其他业务付款单，对李俊的奖金进行支付。登录金蝶K/3 Cloud主界面，执行【财务会计】—【应付款管理】—【付款】—【付款单列表】命令，单击【新增】按钮或执行【财务会计】—【付款】—【付款单快速新增】命令，进入应付单新增界面，单据类型选择【其他业务付款单】，单击【选单】按钮，选择上个步骤新增的其他应付单，结算方式选择【现金】。新增后提交并审核该张单据，如图6-9所示。

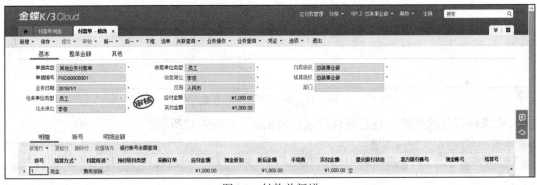

图6-9　付款单新增

总装事业部出纳张丽在2016年1月4日向明锐五金支付一笔费用，用于抵消前面两笔应付。手工新增付款单，付款金额30 000元为期初应付单与新增应付单之和，具体数据如表6-4所示。

表6-4　付款单

业务日期	往来/收款单位	付款/结算/采购组织	结算方式	应付金额	币别
2016.1.4	明锐五金	总装事业部	现金	30 000	人民币

总装事业部出纳张丽登录金蝶K/3 Cloud主界面，执行【财务会计】—【应付款管理】—【付款】—【付款单列表】命令，单击【新增】按钮或执行【财务会计】—【付款】—【付款单快速新增】命令，进入应付单新增界面，录入付款单，以现金方式结

算,并提交审核,如图6-10所示。

图6-10 付款单新增

4. 应付付款核销

总装事业部会计李秀英对应付单和付款单进行核销,登录金蝶K/3 Cloud主界面,执行【财务会计】—【应付款管理】—【应付付款】—【应付付款核销】命令,双击进入应付付款核销界面,如图6-11所示,点击下一步直至核销完成。

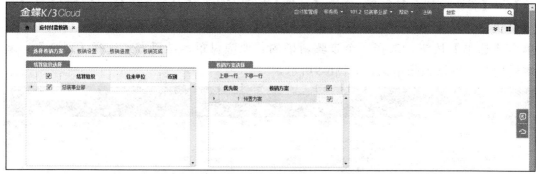

图6-11 应付付款核销方案

完成应付付款核销,查看应付付款核销记录,如图6-12所示。

图6-12 应付付款核销记录

5. 应付转销

总装事业部于2016年1月1日向月锐五金采购一批制动器原材料,产生2000元应付单,2016年1月5日月锐五金被明锐五金所收购,总装事业部与月锐五金的所有结算均转移给明锐五金,使用应付转销完成转移。应付单数据如表6-5所示。

表6-5 应付单

业务日期	供应商	采购组织	物料名称	含税单价	计价数量	税率
2016.1.1	月锐五金	总装事业部	制动器	500	4	17%

总装事业部会计李秀英根据向月锐五金采购的行为新增应付单,登录金蝶K/3 Cloud主界面,执行【财务会计】—【应付款管理】—【采购应付】—【应付单列表】命令,单击【新增】按钮或执行【财务会计】—【应付款管理】—【采购应付】—【应付单快速新增】命令进入应付单新增界面,录入应付单并进入提交审核,如图6-13所示。

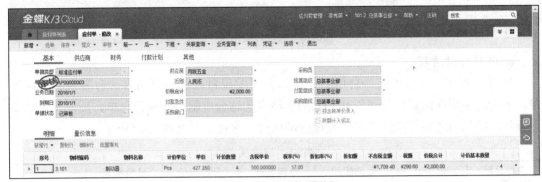

图6-13　应付单新增

总装事业部会计李秀英进行应付转销,登录金蝶K/3 Cloud主界面,执行【财务会计】—【应付款管理】—【应付收款】—【应付转销】命令,双击进入应付转销界面,如图6-14所示。

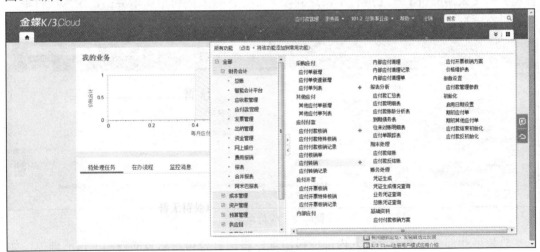

图6-14　应付转销

进入应付转销界面后进行转销设置,币别选择人民币,结算组织为总装事业部,转出供应商为月锐五金,转入供应商为明锐五金,单击【下一步】按钮,如图6-15所示。

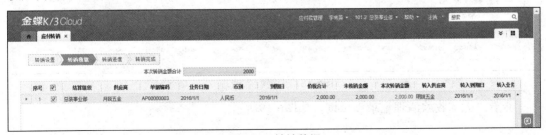

图6-15　转销数据

查看应付转销记录如图6-16所示。

图6-16　应付转销记录

6. 内部应付清理

总装事业部门需要使用一台电脑，销售公司发现自己部门下面有一台多余的电脑库存，于是总装事业向销售公司以4000元的价格采购这台电脑，形成应付单，后发现电脑不好操作，经部门之间协商后决定清理该内部应付，应付单数据如表6-6所示。

表6-6　应收单

业务日期	供应商	采购组织	物料名称	含税单价	计价数量	税率
2016.1.1	销售公司	总装事业部	电脑	4000	1	

总装会计李秀英登录金蝶K/3 Cloud主界面，执行【财务会计】—【应付款管理】—【采购应付】—【应付单列表】命令，单击【新增】按钮或执行【财务会计】—【应付款管理】—【采购应付】—【应付单快速新增】命令，进入应付单新增界面，录入应付单并进入提交审核，如图6-17所示。

图6-17　应付单新增

总装事业部会计李秀英进入内部应付清理，将销售公司与总装的内部应付清理掉，如图6-18所示。

图6-18　无需收款清理

查看"无需收款清理记录"查询，如图6-19所示。

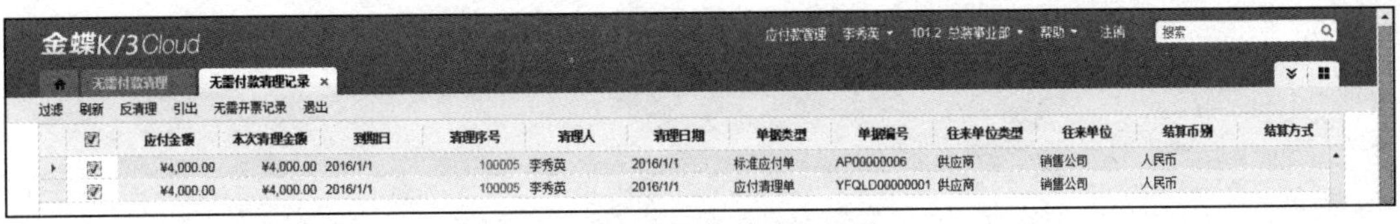

图6-19 无需收款清理记录

上述实验完成后，备份账套，备份文件名为"F蓝海机械总公司(出纳管理前账套)"。

实验三 输出报表

执行【财务会计】—【应付款管理】—【报表分析】—【应付款汇总表】/【应付款明细表】命令，可以查看每一个往来单位每一笔应付账款的金额。

执行【财务会计】—【应付款管理】—【报表分析】—【到期债务表】命令，可以列出所有供应商到期的应付账款金额及过期的天数，以方便催款。

执行【财务会计】—【应付款管理】—【报表分析】—【往来对账明细表】命令，当往来单位既是客户又是供应商时，可以查看与往来单位所有的往来业务。

执行【财务会计】—【应付款管理】—【报表分析】—【应付单跟踪表】命令，可以查询与应付业务有关的各种信息的报表，如应付单的订单情况、入库情况、开票情况、付款情况等。

第 7 章 出纳管理

7.1 系统概述

出纳管理系统是出纳人员的工作平台,支持企业出纳人员在系统中完成所有相关的货币资金、票据以及有价证券的收付、保管、核算等日常工作,并提供出纳管理报表查询,支持企业实现统收统支的业务管理。

7.1.1 日常业务处理流程

在进行出纳管理日常业务之前,需要对基础资料以及系统参数进行设置,进行初始化后,才能进行日常业务。

出纳管理的日常业务处理主要包括对外收付款、现金存取、银行转账、票据业务、现金盘点、银行对账、期末处理等。出纳管理日常业务系统流程图如图7-1所示。

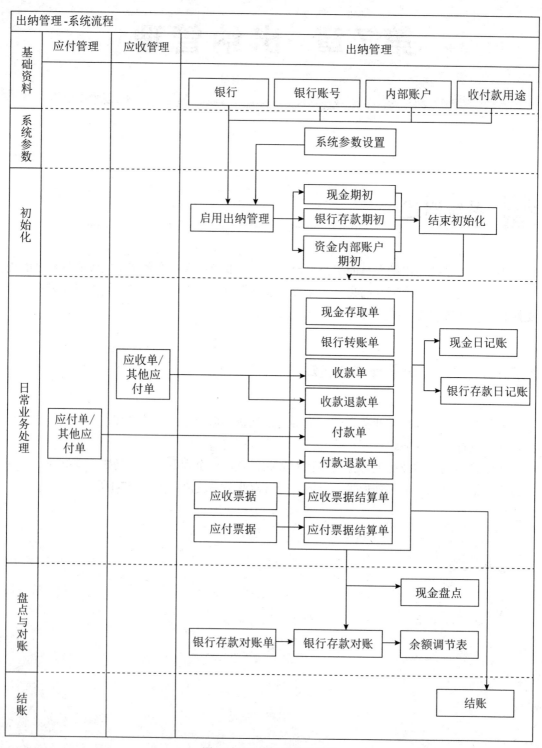

图7-1 出纳管理系统流程

7.1.2 重点功能概述

出纳管理主要处理如下业务：对外业务收付款、现金存取、银行转账、购汇、票据业务、现金盘点、银行对账。主要功能包括：

(1) 对外收付款主要包括销售业务收款、采购业务付款、其他业务收付款等。

销售业务收款主要是针对日常的销售业务进行收款处理，包括预收款与销售收款，用户可以通过关联对应的应收单进行收款处理，也支持手工新增相应的收款单进行收款处理。

采购业务付款主要是针对日常的采购业务进行付款处理，包括预付款与采购付款，用户可以通过关联对应的应付单进行付款处理，也支持手工新增相应的付款单进行付款处理。

其他业务收付款主要是针对日常销售或采购业务之外的其他所有对外的收付款业务，包括客户、供应商、部门、员工以及其他往来单位的收付款。

其他业务类型的收款用途，包括罚款收入、利息收入、捐赠收入、其他等，同时支持用户根据企业实际情况自定义其他收款用途。其他业务类型的付款用途，包括工资发放、费用报销、个人借款、购买发票、银行手续费、罚款支出以及其他等，同时支持用户根据企业实际情况自定义其他付款用途。

(2) 现金存取单主要是处理企业日常的取现、存现业务。

(3) 银行转账单主要是处理企业内部银行账号之间的转账业务，包括标准转账以及购汇。当企业发生外币交易业务，且需要使用外币进行支付时，就需要购汇。购汇与标准转账均可通过银行转账单完成。

(4) 票据业务包括应收票据和应付票据，应收和应付票据包括银行承兑汇票和商业承兑汇票。

应收票据可被收款单进行引用，并支持多笔收款业务合并签发一笔应收票据进行结算的应用场景。

应收票据可进行贴现、背书、背书退回、到期收款以及退票等后续结算业务处理，并生成对应的应收票据结算单。

应付票据可被票据类型结算方式的付款单进行引用，并支持多笔付款业务合并签发一笔应付票据进行结算的应用场景。

应付票据可进行到期付款及退票等后续结算业务处理，并生成对应的应付票据结算单。

(5) 银行对账包括银行对账单、银行存款对账、余额调节表以及银行存款勾对记录。

银行对账单是企业从银行取得的确认银行收付款记录的依据，企业需要把取得的对账单数据引入本系统，以跟企业收付款记录对账。

银行存款对账是将银行对账单与企业银行存款收付款记录进行勾对，以确认银行与企业双方的未达项。

余额调节表是用户可查询银行存款某日期某账号、某币别的银行方余额、企业方余额、各未达项调整等的数据。

7.1.3 与其他系统的关系

出纳管理和其他系统的关系,如图7-2所示。

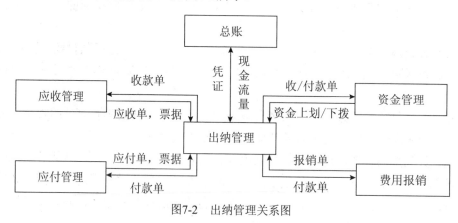

图7-2 出纳管理关系图

7.2 实验练习

实验一 出纳管理系统初始化

应用场景

在进行日常处理前,需要对出纳管理系统进行初始化,初始化包括设置期初现金及期初银行存款。蓝海柴油机本部对总装事业部以及机加事业部实行统收统支,并对变电器公司进行资金管理实现收支两条线,为此,需要在进行出纳管理初始化时,同时设置内部账户以及设置内部账户的期初余额。本案例意在掌握出纳管理系统初始化设置方法。

实验步骤

(1) 基础资料控制策略。
(2) 参数设置。
(3) 设置基础资料。
(4) 初始化。

操作部门及人员

由administrator进行基础资料控制策略的设置；由信息管理员李伟进行基础资料的设置并完成出纳管理初始化的工作。

实验前准备

(1) 将系统日期调整为2016-1-1。

(2) 恢复备份账套"F蓝海机械总公司(出纳管理前账套)"。

实验数据

1. 基础资料

(1) 银行信息如表7-1所示。

表7-1　银行信息

编码	名称
001	招商银行南山支行

(2) 银行账户如表7-2所示。

表7-2　银行账户

银行账号	开户银行	账户名称	账户收支属性	使用分配
68888880	招商银行南山支行	本部美元户	收支	
68888881	招商银行南山支行	本部账户	收支	
68888882	招商银行南山支行	总装账户	收支	总装事业部
68888883	招商银行南山支行	机加账户	收支	机加事业部
68888884	招商银行南山支行	销售公司人民币账户	收支	销售公司
68888885	招商银行南山支行	销售公司美元账户	收支	销售公司
68888886	招商银行南山支行	变电器公司账户	收支	变电器公司

注：创建组织均为蓝海柴油机本部。

(3) 内部账户如表7-3所示。

表7-3　内部账户

组织开设	内部账号	账户名称	对应组织	使用分配
在收付组织开设	NB01	总装收付账户	总装事业部	总装事业部
在收付组织开设	NB02	机加收付账户	机加事业部	机加事业部
在资金组织开设	NB03	变电器公司内部账户	变电器公司	变电器公司

注：创建组织均为蓝海柴油机本部。

(4) 变电器公司收支两条线的银行账户设置如表7-4所示。

表7-4　收支两条线银行账户

银行账号	开户银行	账户名称	账户收支属性	内部账户	资金上划	上划方式	使用分配
68888887	招商银行南山支行	变电器收款账户	收入	变电器内部账户	√	全额上划	变电器公司

(续表)

银行账号	开户银行	账户名称	账户收支属性	内部账户	资金上划	上划方式	使用分配
68888888	招商银行南山支行	变电器支出账户	支出	变电器内部账户			变电器公司

注：创建组织均为蓝海柴油机本部。

2. 期初余额

(1) 现金期初余额如表7-5所示。

表7-5 期初现金余额

收款组织	币别	期初余额
蓝海柴油机本部	人民币	50 000
总装事业部	人民币	50 000
机加事业部	人民币	50 000
变电器公司	人民币	50 000
销售公司	人民币	50 000

(2) 银行存款期初如表7-6所示。

表7-6 银行存款期初

收款组织	币别	银行账号	企业方/银行方期初余额
蓝海柴油机本部	美元	68888880	100 000
蓝海柴油机本部	人民币	68888881	3 000 000
蓝海柴油机本部	人民币	68888882	100 000
蓝海柴油机本部	人民币	68888883	100 000
销售公司	人民币	68888884	300 000
蓝海柴油机本部	人民币	68888886	100 000

(3) 内部账户期初余额如表7-7所示。

表7-7 内部账户期初

收款组织	结算组织	币别	内部账号	企业方期初余额
蓝海柴油机本部	总装事业部	人民币	NB01	100 000
蓝海柴油机本部	机装事业部	人民币	NB02	100 000

(4) 资金内部账户期初如表7-8所示。

表7-8 资金内部账户期初

资金组织	收付组织	币别	内部账号	期初余额
蓝海柴油机本部	变电器公司	人民币	NB03	100 000

操作指导

1. 基础资料控制策略

银行账号以及内部账号属于分配型基础资料，需要设置其分配策略。以administrator

身份登录K/3 Cloud，执行【系统管理】—【组织机构】—【基础资料控制】—【基础资料控制策略】命令，进入基础资料控制策略界面。

单击【新增】按钮，进入基础资料控制策略—新增界面，选择基础资料为银行账号，创建组织选择蓝海柴油机本部，分配组织选择总装事业部、机加事业部、变电器公司以及销售公司，其他使用系统默认，完成录入后保存；单击【新增】按钮，选择基础资料为内部账户，创建组织选择蓝海柴油机本部，分配组织选择总装事业部、机加事业部以及变电器公司，完成录入后保存；刷新基础资料控制策略界面如图7-3所示。

图7-3　基础资料控制策略

2. 参数设置

以李伟身份登录K/3 Cloud，执行【财务会计】—【出纳管理】—【参数设置】—【出纳管理参数】命令，进入出纳管理参数界面如图7-4所示。

本实验使用系统默认参数。

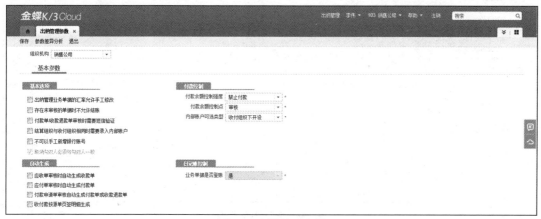

图7-4　出纳管理参数

在出纳管理参数设置中，可以根据实际情况，对各个组织的参数进行设置，设置完成后，单击【保存】按钮即可。

3. 基础资料

(1) 设置银行

切换组织到蓝海柴油机本部，执行【财务会计】—【出纳管理】—【基础资料】—【银行】命令，进入银行界面。单击【新增】按钮，进入银行-新增界面。根据实验数据输入编码和名称，单击【保存】按钮，并提交审核，如图7-5所示。

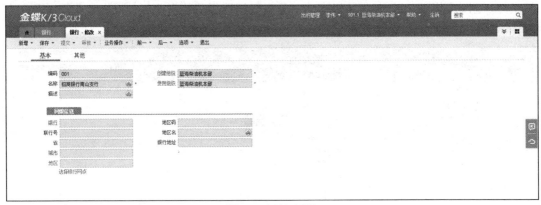

图7-5　银行-新增

(2) 设置银行账户

切换组织到蓝海柴油机本部，执行【财务会计】—【出纳管理】—【基础资料】—【银行账号】，进入银行账号界面。单击【新增】按钮，进入银行账号-新增界面。根据实验数据录入银行账号的资料，单击【保存】按钮，并提交审核，如图7-6所示。根据实验数据新增所有银行账号。回到银行账号界面刷新，如图7-7所示，根据实验数据选择银行账号，选择【业务操作】—【分配】进行分配，并对分配后的银行账号进行提交审核。

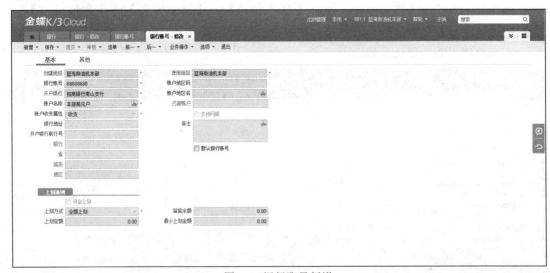

图7-6　银行账号新增

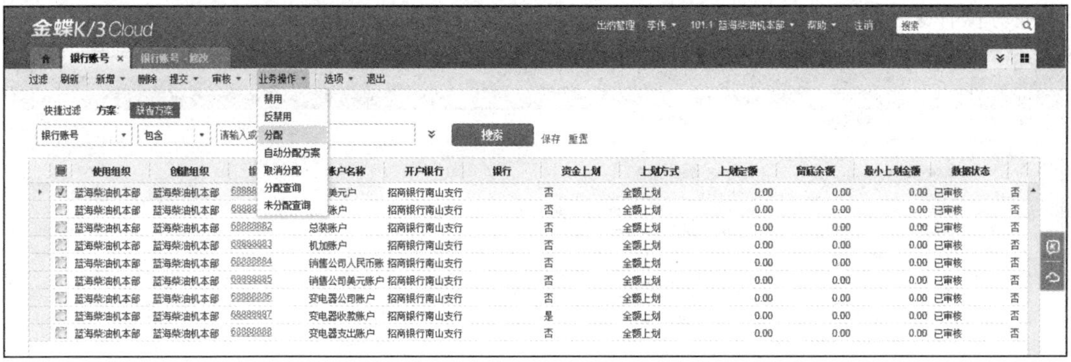

图7-7 银行账号

(3) 设置内部账户

本案例中本部对总装及机加进行统收统支，即蓝海柴油机本部为收付组织，总装事业部及机加事业部为结算组织，需设置"在收付组织开设"的内部账户，并分配给结算组织使用。

本部对变电器公司进行资金管理，即蓝海柴油机本部为资金组织，变电器公司为收付组织，需设置"在资金组织开设"的内部账户，并分配给收付组织使用。

切换组织到蓝海柴油机本部，执行【财务会计】—【出纳管理】—【基础资料】—【内部账户】命令，进入内部账户界面。单击【新增】按钮，进入内部账户-新增界面。

根据实验数据录入内部账户的资料，保存并提交审核，如图7-8所示。根据实验数据新增所有内部账户。

回到内部账户界面单击【刷新】按钮，根据实验数据选择内部账户，选择【业务操作】—【分配】进行分配，并对分配后的银行账号进行提交审核。

图7-8 内部账户新增

(4) 设置收支两条线的银行账号

切换组织到蓝海柴油机本部，资金管理中，收付组织用于收款及付款的银行账号，需关联对应的内部账户。

执行【财务会计】—【出纳管理】—【基础资料】—【银行账号】命令，进入银行账号界面，单击【新增】按钮，进入银行账号-新增界面。

根据实验数据录入收支两条线的银行账号资料，保存并提交审核，如图7-9所示。根据实验数据新增其他银行账号。

回到银行账号界面单击【刷新】按钮，根据实验数据选择新增的两条银行账号，选择

【业务操作】—【分配】分配给变电器公司,并对分配后的银行账号进行提交审核。

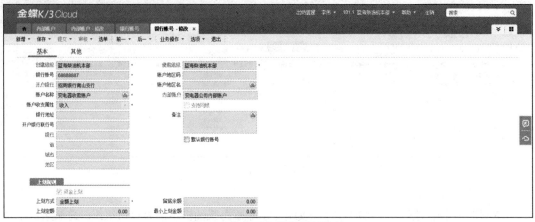

图7-9　收支两条线的银行账号

4.初始化

(1) 启用出纳管理

执行【财务会计】—【出纳管理】—【初始化】—【启用日期设置】命令,进入启用日期设置界面。将未启用的所有组织的启用日期设置为2016-1-1,单击【启用】按钮,如图7-10所示。

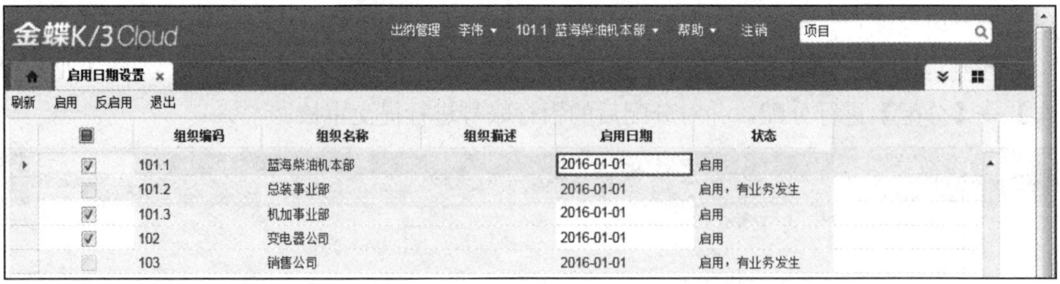

图7-10　启用日期设置

(2) 现金期初设置

组织选择蓝海柴油机本部,执行【财务会计】—【出纳管理】—【初始化】—【现金期初】命令,进入现金期初界面。单击【新增】按钮,进入现金期初-新增界面,根据实验数据录入期初余额,保存并提交审核,如图7-11所示。根据实验数据录入其他组织的现金期初,并提交审核。(其中,总装事业部的期初现金在前面章节已经录入,无需再次录入)。

图7-11　现金期初

(3) 银行存款期初设置

组织选择蓝海柴油机本部，执行【财务会计】—【出纳管理】—【初始化】—【银行存款期初】命令，进入银行存款期初界面。单击【新增】按钮，进入银行存款期初-新增界面，根据实验数据录入数据，保存并提交审核，如图7-12所示。根据实验数据录入其他组织的银行存款期初，并提交审核。

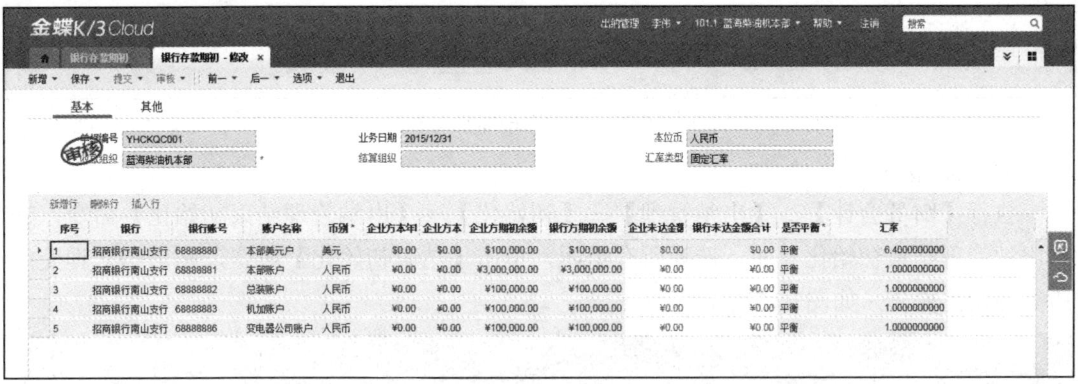

图7-12 银行存款期初

(4) 内部账户期初设置

组织选择蓝海柴油机本部，执行【财务会计】—【出纳管理】—【初始化】—【银行存款期初】命令，进入银行存款期初界面。单击【新增】按钮，进入银行存款期初-新增界面，结算组织选择总装事业部，并根据实验数据录入数据，保存并提交审核，如图7-13所示。

根据实验数据录入结算组织为机加事业部的内部账户存款期初，并提交审核。

图7-13 内部账户存款期初

(5) 资金内部账户期初设置

资金管理的初始化需要在出纳管理进行初始化时同时进行。组织选择蓝海柴油机本部，执行【财务会计】—【资金管理】—【初始化】—【资金内部账户期初】命令，进入资金内部账户期初界面。单击【新增】按钮，进入资金内部账户期初-新增界面，收付组织选择变电器公司，并根据实验数据录入数据，保存并提交审核，如图7-14所示。

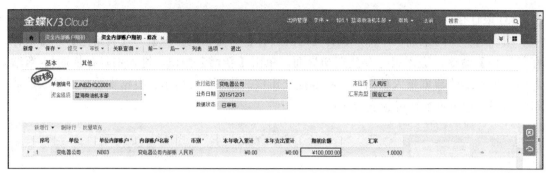

图7-14 资金内部账户期初

(6) 结束初始化

执行【财务会计】—【出纳管理】—【初始化】—【出纳管理结束初始化】命令，进入出纳管理结束初始化界面。选择所有组织，单击【结束初始化】按钮，则出纳管理完成所有初始化操作，如图7-15所示。

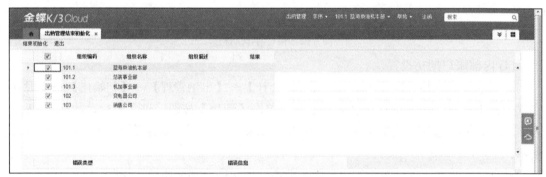

图7-15 结束初始化

输出账表

(1) 执行【财务会计】—【出纳管理】—【日记账】—【现金日记账】命令，进入现金日记账过滤条件界面，输入查询条件，可以查看明细现金流向及余额。

(2) 执行【财务会计】—【出纳管理】—【日记账】—【银行存款日记账】命令，进入银行存款日记账过滤条件界面，输入查询条件，可以查看明细银行存款流向及余额。

(3) 执行【财务会计】—【出纳管理】—【报表】—【现金日报表】命令，进入现金日报表过滤条件界面，输入查询条件，可以查看按日汇总的现金流向及余额。

(4) 执行【财务会计】—【出纳管理】—【报表】—【银行存款日报表】命令，进入银行存款日报表过滤条件界面，输入查询条件，可以查看按日汇总的银行存款流向及余额。

实验二 银行业务处理

应用场景

出纳在日常业务的处理过程中，经常会使用到银行业务，包括现金存取以及银行转账、购汇等。

实验步骤

(1) 现金存取。

(2) 银行转账。

操作部门及人员

由本部出纳王静进行本部的银行业务处理。

实验前准备

接实验一继续练习。

实验数据

2016年1月1日，本部出纳王静到银行从本部账户68888881中提取现金备用金5000元人民币；并将本部美元账户68888880中的5000元美元通过购汇方式转账到本部账户68888881中，转入人民币32 000元，摘要输入"转出美金"。

操作指导

1. 现金存取

以王静身份登录K/3 Cloud，执行【财务会计】—【出纳管理】—【日常处理】—【现金存取单】命令，进入现金存取单界面。

单击【新增】按钮进入现金存取单-新增界面，单据类型选择"取款"，根据实验数据进行录入，保存后提交并审核，如图7-16所示。

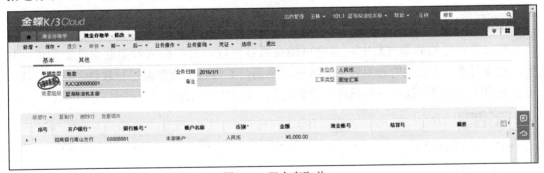

图7-16 现金存取单

2. 银行转账

执行【财务会计】—【出纳管理】—【日常处理】—【银行转账单】命令，进入银行转账单界面。

单击【新增】按钮进入银行转账单-新增界面，单据类型选择"购汇"，根据实验数据进行录入，保存后提交并审核，如图7-17所示。

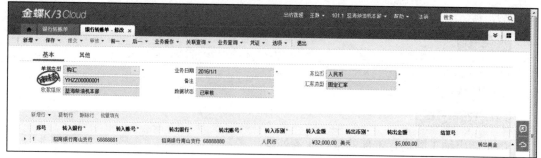

图7-17 银行转账单

输出账表

执行【财务会计】—【出纳管理】—【日记账】—【现金日记账】命令，进入现金日记账过滤条件界面，输入查询条件，可以查看明细现金流向及余额。

执行【财务会计】—【出纳管理】—【日记账】—【银行存款日记账】命令，进入银行存款日记账过滤条件界面，输入查询条件，可以查看明细银行存款流向及余额。

执行【财务会计】—【出纳管理】—【报表】—【现金日报表】命令，进入现金日报表过滤条件界面，输入查询条件，可以查看按日汇总的现金流向及余额。

执行【财务会计】—【出纳管理】—【报表】—【银行存款日报表】命令，进入银行存款日报表过滤条件界面，输入查询条件，可以查看按日汇总的银行存款流向及余额。

实验三 应收票据收款

应用场景

在日常业务的处理过程中，客户可能会通过银行承兑汇票或者商业承兑汇票进行付款，则我们需要在出纳管理系统中录入应收票据，并通过应收票据进行收款，收款后我们可以对应收票据进行操作，如贴现、到期收款、背书转让等。

实验步骤

(1) 新增应收票据。
(2) 完成收款。
(3) 票据操作。

操作部门及人员

由销售公司出纳刘洋进行销售公司的应收票据收款业务。

实验前准备

接实验二继续练习。

实验数据

2016年1月1日，销售公司出纳刘洋收到东方机械的应收票据，票据信息如表7-9所示，刘洋将该应收票据用于进行东方机械应收款的收款，在完成收款后，将应收票据进行贴现处理，获得银行存款。贴现信息如表7-10所示。

表7-9 应收票据信息

票据类型	银行承兑汇票	票据号	10000001
币别	美元	签发日期	2016/1/1
到期日	2016/3/1	票面金额	30 000
票面利率/%	4	出票人	东方机械
承兑人	招商银行南山支行	承兑日期	2016/1/1
收款组织	销售公司	结算组织	销售公司
往来单位类型	客户	往来单位	东方机械

表7-10 贴现信息

贴现日期	2016/1/1	收款/贴现银行	招商银行南山支行
收款银行账号	68888885	贴现率/%	4

操作指导

1. 新增应收票据

以刘洋身份登录K/3 Cloud，执行【财务会计】—【出纳管理】—【日常处理】—【应收票据】命令，进入应收票据界面。

单击【新增】按钮进入应收票据-新增界面，根据实验数据进行录入，保存后提交并审核，如图7-18所示。

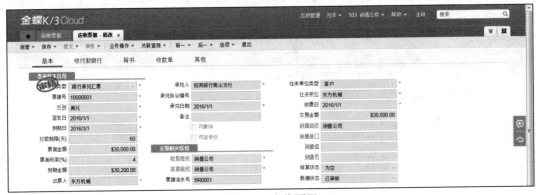

图7-18 应收票据

2. 完成收款

在审核应收票据后，系统自动生成收款单，可以在录入收款单信息后，通过应收收款核销来对应收单进行核销，本案例使用自动关联核销，因此，审核应收票据自动生成的收款单，直接关闭即可。通过应收单下推生成收款单，关联应收票据完成收款。执行【财务会计】—【应收款管理】—【销售应收】—【应收单列表】命令，进入应收单列表界面。

勾选客户为东方机械，价税合计为30 000美元的应收单(单据编号为AR000000002)，单击【下推】按钮进入选择单据界面,选择"收款单"后单击【确定】按钮,进入收款单-新增界面。

结算方式选择银行承兑汇票,在单据体的【应收票据】页签中,选择刚才新建的应收票据(票据流水号为BR0001),保存后提交并审核,如图7-19所示。

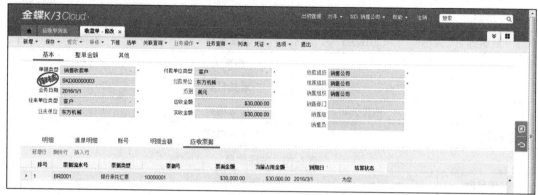

图7-19 收款单

3. 票据操作

执行【财务会计】—【出纳管理】—【日常处理】—【应收票据】命令,进入应收票据界面。

勾选本案例新增的应收票据(票据流水号为BR0001),选择【业务操作】—【贴现】,进入贴现界面。

根据实验数据录入贴现信息,如图7-20所示,单击【确定】按钮。

执行【财务会计】—【出纳管理】—【日常处理】—【应收票据结算单】命令,进入应收票据结算单界面,可以查看应收票据处理情况。

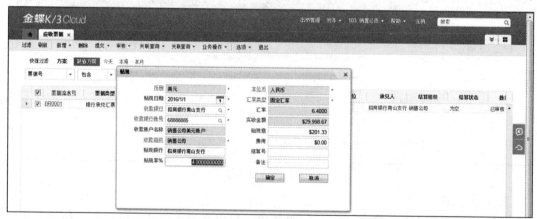

图7-20 贴现

输出账表

执行【财务会计】—【出纳管理】—【报表】—【应收票据余额表】命令,进入应收票据余额表界面,输入查询条件,可以查看应收票据余额情况。

执行【财务会计】—【出纳管理】—【报表】—【应收票据执行明细】命令,进入应收票据执行明细界面，输入查询条件，可以查看应收票据的执行明细。

执行【财务会计】—【出纳管理】—【报表】—【应收票据收发存明细表】命令，进入应收票据收发存明细表界面，输入查询条件，可以查看应收票据收发存明细。

实验四　统收统支模式下的应付票据付款

应用场景

为了满足公司在资金的控制以及各个事业部的独立考核，因此使用统收统支的模式进行管理。本案例中，蓝海柴油机本部对总装事业部进行统收统支，即结算组织为总装事业部，收付组织为蓝海柴油机本部，由蓝海柴油机本部进行付款操作。

本部通过银行的信用请求银行为其开具银行承兑汇票，并将该银行承兑汇票用于付款，后续需要对该银行承兑汇票进行到期付款的操作。

实验步骤

(1) 新增应付单。
(2) 新增应付票据。
(3) 完成付款单录入。
(4) 进行应付付款核销。
(5) 应付票据到期付款操作。

操作部门及人员

由总装会计李秀英进行付款单的新增以及应付付款核销的操作；由本部出纳王静进行应付票据录入，付款以及到期付款的操作。

实验前准备

接实验三继续练习。

实验数据

2016年1月1日，总装事业部向明锐五金采购气缸盖(含税单价500)20个，形成10 000元人民币的应付款，由蓝海柴油机本部进行付款；蓝海柴油机本部通过应付票据进行付款，应付票据信息如表7-11所示。在完成付款后，蓝海柴油机本部对应付票据进行到期付款操作，到期付款信息如表7-12所示。

表7-11　应付票据信息

票据类型	银行承兑汇票	票据号	20000001
币别	人民币	签发日期	2016/1/1
到期日	2016/3/1	票面金额	10 000
票面利率/%	4	承兑人	招商银行南山支行
付款组织	蓝海柴油机本部	结算组织	总装事业部
往来单位类型	供应商	往来单位	明锐五金

表7-12　到期付款信息

付款日期	2016/1/1	付款银行	招商银行南山支行
保证金账号	68888882	一般存款账号	68888882

操作指导

1. 新增应付单

以李秀英身份登录K/3 Cloud，执行【财务会计】—【应付款管理】—【采购应付】—【应付单列表】命令，进入应付单列表界面。

单击【新增】按钮，进入应付单列表-新增界面，根据实验数据进行录入，供应商选择"明锐五金"，付款组织选择"蓝海柴油机本部"，物料选择"气缸盖(3.100)"，含税单价为500，数量为20，税率为17，保存后提交并审核，如图7-21所示。

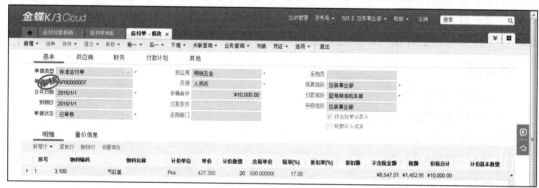

图7-21　应付单

2. 新增应付票据

以王静身份登录K/3 Cloud，执行【财务会计】—【出纳管理】—【日常处理】—【应付票据】命令，进入应付票据界面。

单击【新增】按钮，进入应付票据-新增界面，根据实验数据进行录入，保存后提交并审核，如图7-22所示。

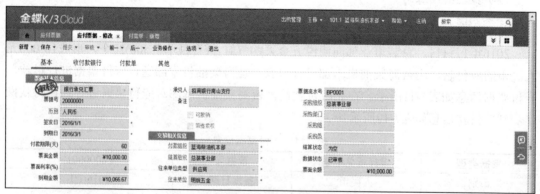

图7-22　应付票据

3. 完成付款单录入

在审核应付票据后，系统自动生成付款单，可以在录入收款单信息后，通过应付付款核销来对应付单进行核销。本案例使用匹配核销，因此，在审核应付票据自动生成的付款单，可对其直接进行录入，若该付款单被关闭了，则执行【财务会计】—【出纳管理】—【日常处理】—【付款单】命令，进入付款单界面，单击【新增】按钮。在付款单单据头的基本页签中，选择结算组织为"总装事业部"。在单据体明细页签的结算方式选择"银行承兑汇票"，在应付票据页签选择刚才新增的应付票据，并选择内部账户"总装收付账户(NB01)"，在明细页签中应付金额为"10000"，内部账户为"NB01"，保存提交审核，如图7-23所示。

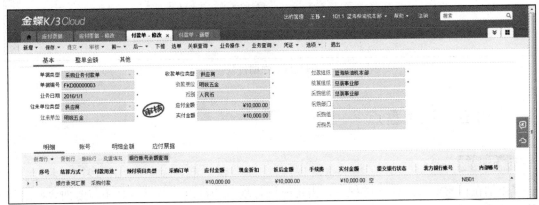

图7-23　付款单

4. 进行应付付款核销

以李秀英身份登录K/3 Cloud，执行【财务会计】—【应付款管理】—【应付付款】—【应付付款核销】命令，进入应付付款核销界面。勾选组织总装事业部，单击【下一步】按钮，直到完成，单击【核销记录】按钮，进入应付付款核销记录界面，如图7-24所示，完成应付付款核销。

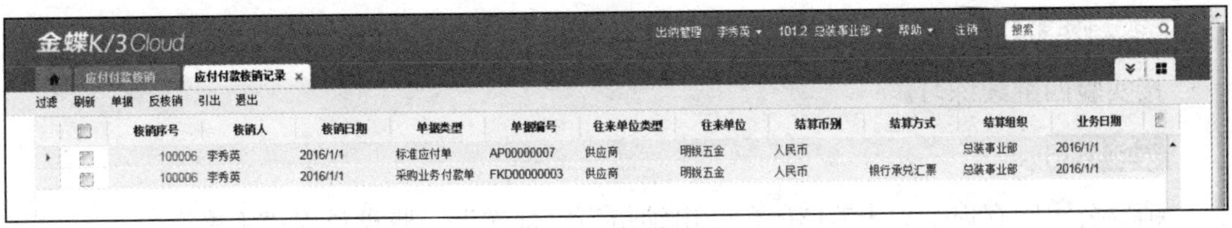

图7-24　核销记录

5. 应付票据到期付款操作

以王静身份登录K/3 Cloud，执行【财务会计】—【出纳管理】—【日常处理】—【应付票据】命令，进入应付票据界面。

勾选本案例新增的应付票据(票据流水号为BP0001)，选择【业务操作】—【到期付款】，进入到期付款界面。

根据实验数据录入到期付款信息，如图7-25所示，单击【确定】保存。

执行【财务会计】—【出纳管理】—【日常处理】—【应付票据结算单】命令，进入应付票据结算单界面，可以查看应付票据处理情况。

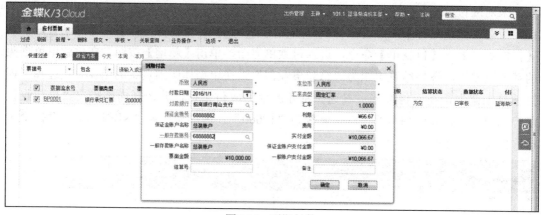

图7-25 到期付款

实验五 现金盘点

应用场景

出纳在日常业务的处理过程中，需定时进行现金的盘点。若盘点金额与账面金额之间存在差异，需及时发现问题；若无发现问题，则需录入相应单据以更新账面金额。

实验步骤

新增现金盘点。

操作部门及人员

由销售公司出纳刘洋进行销售公司的现金盘点业务。

实验前准备

接实验四继续练习。

实验数据

销售公司库存现金如表7-13所示，出纳员为"刘洋"，监盘员为"王艳"。

表7-13 贴现信息

面值	数量	面值	数量
100	802	50	4
20	4	10	2

操作指导

以刘洋身份登录K/3 Cloud，执行【财务会计】—【出纳管理】—【现金盘点】—【现金盘点表】命令，进入现金盘点表界面。

单击【新增】按钮进入现金盘点-新增界面，根据实验数据进行录入，保存后提交并审核，如图7-26所示。盘点金额与账面金额一致。

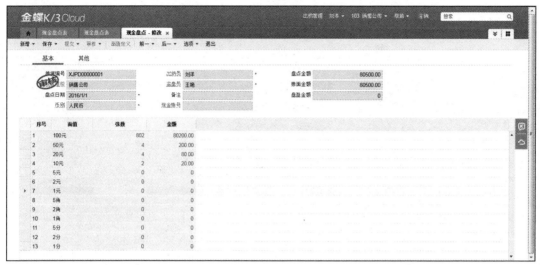

图7-26 现金盘点

上述实验完成后，备份账套，备份文件名为 "F蓝海机械总公司(资金管理前账套)"。

输出账表

执行【财务会计】—【出纳管理】—【日记账】—【现金日记账】命令，进入现金日记账过滤条件界面，输入查询条件，可以查看明细现金流向及余额。

执行【财务会计】—【出纳管理】—【报表】—【现金日报表】命令，进入现金日报表过滤条件界面，输入查询条件，可以查看按日汇总的现金流向及余额。

第 8 章 资金管理

8.1 系统概述

资金管理系统是帮助企业建立资金集中管理和资金集中监控的平台，不仅可以实现账户集中管控和实时监控，还可以实现收支两条线的资金管理模式。通过资金收支两条线管理，加强对下属公司资金的监控，盘活企业存量资金，提高资金使用效率和使用效果，降低资金运作成本和风险，从而保证资金安全。

8.1.1 资金管理系统基本业务流程

资金管理系统包括账户管理、初始化、收款与上划、下拨与付款、内部活期计息、票据管理、银行信贷等功能。

1. 账户管理

在系统使用前，我们需要先进行组织机构业务委托关系设置，建立结算中心资金管理组织模型，账户管理的流程如图8-1所示。

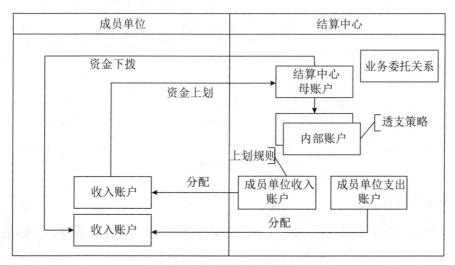

图8-1 账户管理整体流程

2. 初始化

资金管理的启用日期为对应资金组织的出纳管理系统的启用日期，录入资金内部账户期初，初始化的流程如图8-2所示。

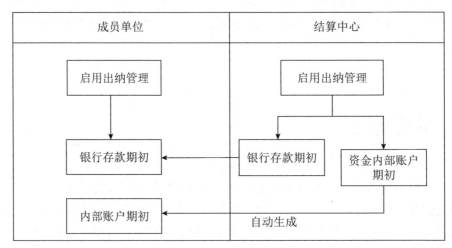

图8-2　初始化整体流程

3. 收款与上划

成员单位与结算中心进行收款与上划的日常处理，收款与上划的流程如图8-3所示。

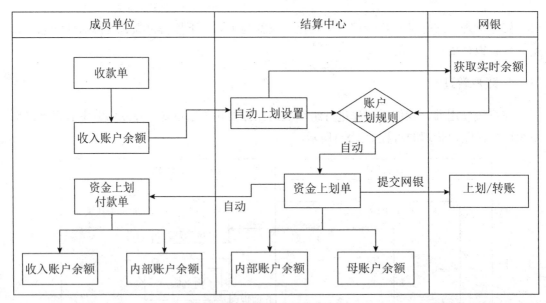

图8-3　收款与上划整体流程

4. 下拨与付款

结算中心与成员单位进行下拨与付款的日常处理，下拨与付款的流程如图8-4所示。

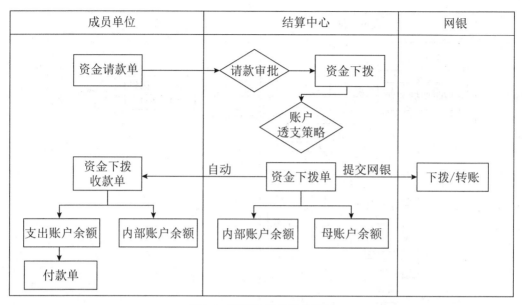

图8-4　下拨与付款整体流程

5. 内部活期计息

完成内部活期计息的处理，流程如图8-5所示。

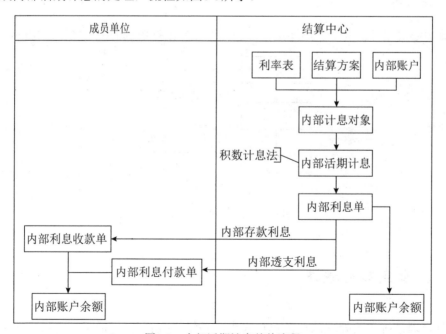

图8-5　内部活期计息整体流程

6. 票据管理

对应收票据、可用票据额度、资金下拨单等票据进行管理，票据管理的流程如图8-6所示。

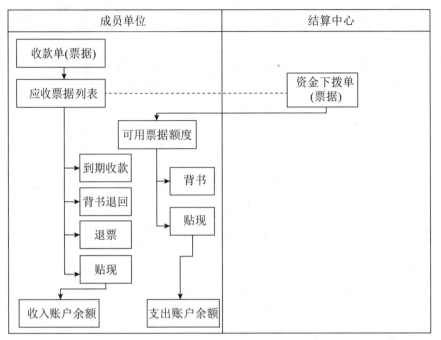

图8-6 票据管理整体流程

7. 银行信贷

结算中心对银行信贷单、到期预警等进行管理,银行信贷的流程如图8-7所示。

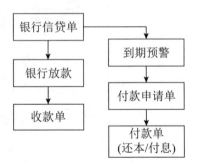

图8-7 银行信贷整体流程

▶ 8.1.2 重点功能概述

资金管理系统主要处理的业务包括收支两条线资金管理(包括资金请款、资金上划、资金下拨)、内部活期计息、信贷单。主要功能具体如下。

1. 资金请款单

成员单位根据资金计划,或者根据自身的资金需求,向资金组织发起资金请款,资金组织审批通过的资金请款单,可以作为资金组织的资金下拨单的源单。

2. 资金下拨单

资金组织根据资金预算，或者根据审批通过的成员单位资金请款单，由资金组织发起进行资金下拨，资金组织母账户资金下拨到各成员单位账户。资金下拨单审核时，会同时产生成员单位的收款单(单据类型：资金下拨)。

3. 资金上划单

资金组织发起进行资金上划，各成员单位账户资金上划到资金组织母账户。资金上划单审核时，会同时产生成员单位的付款单(单据类型：资金上划)。

4. 利息计算

由资金组织发起进行内部活期计息，对各成员单位内部账户资金进行收益和成本核算及考核。利息计算采用向导的方式，只需要用户录入利息计算的对象以及计算的日期范围，系统将自动完成存款利息和透支利息的计算。内部活期计息采用积数计息法，其与银行活期存款的计息方法一致。利息计算的结果将由系统自动产生内部利息单。

5. 信贷单

信贷单管理和维护的是收付组织与银行之间的信贷合同的关键信息。通过信贷单发放计划下推收款单，处理信贷放款到账的业务。通过信贷单还款计划下推付款单，处理信贷到期还本或者付息的业务。

8.2 实验练习

实验一 基础资料设置

应用场景

在出纳系统进行了资金管理的初始化后，对资金管理系统中的基准利率和计息方案进行维护。

实验步骤

(1) 新增基准利率。
(2) 新增计息对象。

操作部门及人员

信息管理员李伟对资金管理系统的基础资料进行设置。

实验前准备

将系统日期调整为2016-1-1。
恢复备份账套"F蓝海机械总公司(资金管理前账套)"。

实验数据

1. 基准利率

(1) 新增的基准利率分组如表8-1所示。

表8-1 新增基准利率分组

编码	名称	利率表示	折算天数
001	活期	年	360

(2) "活期"基准利率组下新增的基准利率如表8-2所示。

表8-2 基准利率

启用日期	利率表	币别	利率
2016/1/1	活期	人民币	4.000000

2. 计息方案

新增的计息对象如表8-3所示：

表8-3 计息对象

启用日期	2016.1.1	结息方案	月结
上次结息日	2015-12-31	计息对象来源	内部账户
创建组织	蓝海柴油机本部	计息对象	NB03
使用组织	蓝海柴油机本部	币别	人民币
名称	变电器内部计息	利率表	活期

操作指导

1. 新增基准利率

信息管理员李伟登录金蝶K/3 Cloud主界面，执行【财务会计】—【资金管理】—【基础资料】—【基准利率】命令，新增基准利率的分组，录入案例信息后单击【保存】按钮，如图8-8所示。

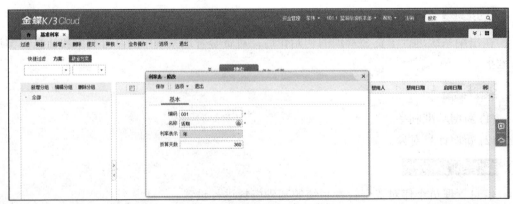

图8-8 新增基准利率分组

选择新增的"活期"分组，单击【新增】按钮，在弹出的【基准利率-新增】页签中，输入基准利率的信息，然后单击【保存】按钮，提交并审核，如图8-9所示。

图8-9　新增基准利率

注意：
① 利率表示目前只支持年利率。
② 利率发生变动时，需要维护最新的利率信息。

2. 新增计息对象

信息管理员李伟登录金蝶K/3 Cloud主界面，切换组织到蓝海柴油机本部，执行【财务会计】—【资金管理】—【基础资料】—【计息对象】命令，单击菜单栏中的【新增】按钮，在【计息对象-新增】页签中填入案例中的信息后，单击【保存】按钮，提交并审核，如图8-10所示。

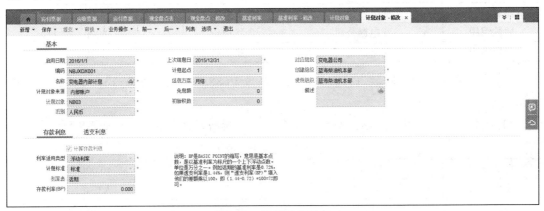

图8-10　新增计息对象

注意：
① 计息对象：F8可以选择需要计息的内部账户。
② 利率表：F8可以选择计算存款利息适用的基准利率表。

实验二　日常业务处理——收款上划

应用场景

变电器公司销售变电器并对应收款进行收款，收款后将收款账户余额上划到资金账户中，由资金组织发起进行资金上划，各成员单位账户资金上划到资金组织母账户。

实验步骤

(1) 新增应收单。
(2) 新增收款单。
(3) 新增资金上划单。
(4) 自动上划设置。

操作部门及人员

变电器公司会计李敏、变电器公司王敏以及本部会计刘伟负责收款上划的相关操作。

实验前准备

接实验一继续练习。

实验数据

(1) 变电器公司销售变电器，新增应收单资料如表8-4所示。

表8-4 应收单

单据类型	标准应收单	业务日期	2016.1.1
客户	大宇机械	到期日	2016.1.1
币别	人民币	物料编码	2.103
结算组织	变电器公司	计价数量	5
收款组织	变电器公司	含税单价	8000
销售组织	变电器公司	税率	17%

(2) 变电器公司对应收款进行收款，收款账号为68888887，结算方式为电汇，请下推生成收款单。

(3) 收款后将收款账户余额上划到资金账户中，新增资金上划单资料如表8-5所示。

表8-5 资金上划单

业务日期	2016/1/1	总金额	40 000
资金组织	蓝海柴油机本部	币别	人民币
结算方式	电汇	单位	变电器公司
银行	招商银行南山支行	单位账号	68888887
母账号	68888886	单位内部账户	NB03
币别	人民币	备注	资金上划

(4) 进行自动上划设置，如表8-6所示。

表8-6 自动上划设置

项目名称	项目信息
方案名称	变电器公司上划设置
资金组织	蓝海柴油机本部
母账号	68888886
币别	人民币

(续表)

项目名称	项目信息
结算方式	电汇
上划周期	每天
提交方式	暂存单据
上划执行人	刘伟
划拨时间	00:00:00
单位	变电器公司
单位账号	68888887
单位内部账号	NB03
备注	资金自动上划

操作指导

1. 新增应收单

变电器公司会计李敏登录金蝶K/3 Cloud主界面，执行【财务会计】—【应收款管理】—【销售应收】—【应收单列表】命令，单击【新增】按钮，录入案例中的信息后，单击【保存】按钮，提交并完成审核，如图8-11所示。

图8-11 应收单

2. 新增收款单

变电器公司出纳王敏登录金蝶K/3 Cloud主界面，执行【财务会计】—【出纳管理】—【销售应收】—【应收单列表】命令，选择前面新增的应收单，单击【下推】按钮，录入收款单信息后，保存、提交并完成审核，如图8-12所示。

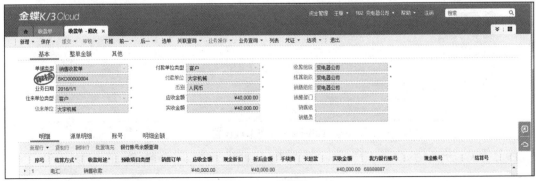

图8-12 收款单

3. 新增资金上划单

本部会计刘伟登录金蝶K/3 Cloud主界面，执行【财务会计】—【资金管理】—【日常处理】—【资金上划单】命令，单击【新增】按钮进入资金上划单，将案例信息填入资金上划单，单击【保存】按钮，提交并审核，如图8-13所示。

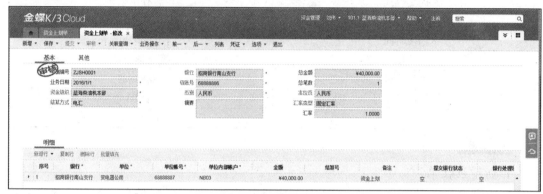

图8-13 资金上划单

注意：

① 资金上划单的主业务组织为资金组织，由资金组织发起上划各成员单位的资金头寸。

② 资金上划单审核时，系统会自动逐行产生对应成员单位的付款单(对应的单据类型：资金上划)，供成员单据查询资金上划数据，并更新成员单位银行账户以及内部账户余额，登记成员单位银行账户以及内部账户的银行存款日记账。

③ 成员单位的资金上划类型的付款单，由资金上划单联动控制，只允许成员单位查询，不允许手工增、删、改等维护操作。

4. 自动上划设置

资金管理系统支持手工新增资金上划单实现资金上划的处理，同时也支持设置定时方案，由系统定时进行自动上划，操作步骤为：会计刘伟登录金蝶K/3 Cloud主界面，执行【财务会计】—【资金管理】—【日常处理】—【自动上划设置】命令，单击【新增】按钮，将案例信息填入，然后单击【保存】按钮，提交并审核，如图8-14所示。

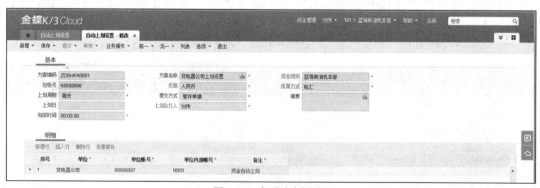

图8-14 自动上划设置

注意：
① 自动上划设置实际上为资金上划的定时方案，实现定时自动上划。
② 自动上划设置的使用前提是资金组织及成员单位的出纳管理系统已经启用。

实验三　日常业务处理——下拨付款

应用场景

变电器公司需要采购一批电脑，向资金组织(本部)申请资金，由成员单位发起资金请款，然后由资金组织发起进行资金下拨，资金组织母账户资金下拨到各成员单位账户。

实验步骤

(1) 新增应付单。
(2) 新增资金请款单。
(3) 下推生成资金下拨单。
(4) 下推生成付款单。

操作部门及人员

变电器公司会计李敏、变电器公司出纳王敏、本部会计刘伟负责下拨付款的相关操作。

实验前准备

接实验二继续练习。

实验数据

(1) 变电器公司采购一批钢架，新增应付单资料如表8-7所示。

表8-7　应付单

单据类型	标准应付单	业务日期	2016.1.1
供应商	明锐五金	到期日	2016.1.1
币别	人民币	物料编码	3.109
结算组织	变电器公司	计价数量	10
收款组织	变电器公司	含税单价	500
销售组织	变电器公司	税率	17%

(2) 新增资金请款单，如表8-8所示。

表8-8　新增资金请款单

项目名称	项目信息
申请日期	2016.1.1
收款组织	变电器公司
资金组织	蓝海柴油机本部
收款银行	招商银行南山支行

(续表)

项目名称	项目信息
母账号	68888886
收款账号	68888888
币别	人民币
用途	采购原材料
申请金额	5000

(3) 资金请款单下推生成资金下划单，业务日期为2016年1月1日。

(4) 应付单下推生成付款单，业务日期为2016年1月1日，结算方式为电汇，我方账号为68888888。

操作指导

1. 新增应付单

变电器公司会计李敏登录金蝶K/3 Cloud主界面，执行【财务会计】—【应付款管理】—【采购应付】—【应付单新增】命令，单击【新增】按钮，录入应付单信息后，单击【保存】按钮，提交并完成审核，如图8-15所示。

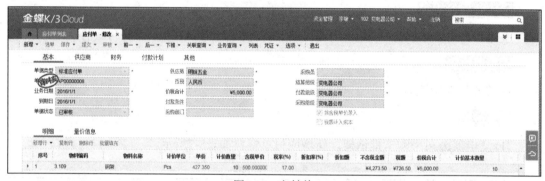

图8-15 应付单

2. 新增资金请款单

变电器会计李敏向资金组织申请资金，新增资金请款单。操作步骤为：登录金蝶K/3 Cloud主界面，执行【财务会计】—【资金管理】—【日常处理】—【资金请款单】命令，单击【新增】按钮，录入资金请款单信息后，单击【保存】按钮，提交并完成审核，如图8-16所示。

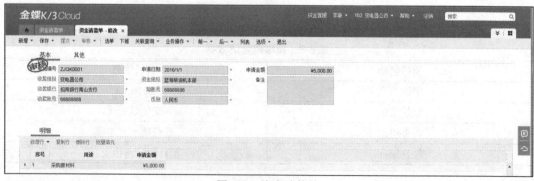

图8-16 资金请款单

第8章 资金管理 | 121

注意：
① 资金请款单一般由成员单位发起请款，由资金组织审批。
② 资金组织审批通过的资金请款单，可以作为资金组织的资金下拨单的源单。

3. 下推生成资金下拨单

会计刘伟登录金蝶K/3 Cloud主界面，执行【财务会计】—【资金管理】—【日常处理】—【资金请款单】命令，通过"过滤所有组织"功能查找选择资金请款单，单击菜单栏上的【下推】按钮，如图8-17所示。

在弹出的"选择单据"窗口中，选择"资金下拨单"，如图8-18所示。

在弹出的【资金下拨单-修改】页签中，录入业务日期为"2016/1/1"，然后单击【保存】按钮，提交并审核，如图8-19所示。

图8-17 选择资金请款单

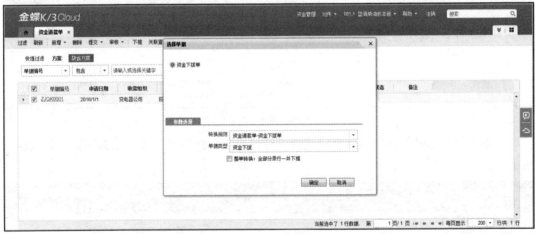

图8-18 选择下推单据

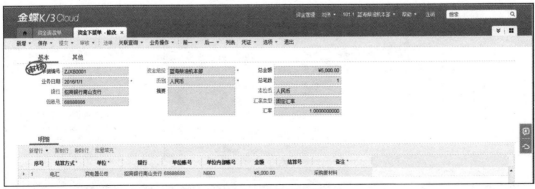

图8-19 资金下拨单

注意:

① 资金下拨单的主业务组织为资金组织,由资金组织发起下拨资金到各成员单位的银行账户。

② 资金下拨单审核时,系统会自动逐行产生对应成员单位的收款单(对应的单据类型:资金下拨),供成员单据查询资金下拨数据,并更新成员单位银行账户以及内部账户余额,登记成员单位银行账户以及内部账户的银行存款日记账。

③ 成员单位的资金下拨类型的收款单,由资金下拨单联动控制,只允许成员单位查询,不允许手工增、删、改等维护操作。

④ 结算方式为票据类的资金下拨单,审核时不产生相应的成员单位的收款单,只是下拨票据的可用额度,成员单位在可用额度的范围内使用应收票据对外背书等。成员单位应收票据的可用额度,可以通过出纳管理系统的票据使用流水表查询。具体说明参见出纳管理相关章节。

4. 下推生成付款单

变电器出纳王敏对采购电脑的应付单下推生成付款单,完成付款。操作步骤为:登录金蝶K/3 Cloud主界面,执行【财务会计】—【应付款管理】—【采购应付】—【应付单列表】命令,选择需要下推的应付单,单击菜单栏上的【下推】按钮,如图8-20所示。

图8-20 选择应付单

在弹出的"选择单据"对话框中选择"付款单",然后单击【确定】按钮,如图8-21所示。

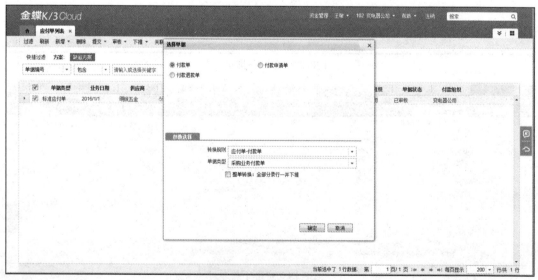

图8-21 选择下推单据

在【付款单-修改】页签中录入业务日期、结算方式、银行账号等信息，然后单击【保存】按钮，提交并审核，如图8-22所示。

图8-22　付款单

实验四　日常业务处理——利息计算

应用场景

本部定期对变电器的内部账户进行计息管理，利息计算采用向导的方式，只需要用户录入利息计算的对象以及计算的日期范围，系统将自动完成存款利息和透支利息的计算。

实验步骤

利息计算——内部利息单。

操作部门及人员

本部会计刘伟负责利息计算的相关操作。

实验前准备

接实验三继续练习。

实验数据

如表8-9所示，对变电器公司进行利息计算，并查看内部利息统计表。

表8-9　利息计算

项目名称	项目信息
计息对象	变电器内部计息
起始日期	2016/1/1
终止日期	2016//1/31

操作指导

本部会计刘伟登录金蝶K/3 Cloud主界面，执行【财务会计】—【资金管理】—【日常处理】—【利息计算】命令，调出利息计算的向导，录入相应的信息后单击【确定】按钮，系统将自动进行内部活期利息计算，如图8-23所示。

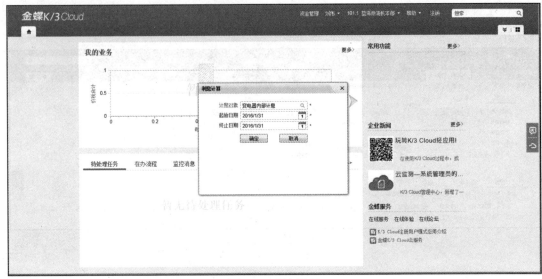

图8-23　利息计算

进行利息计算后，生成对应的内部利息单，查看后提交并审核，如图8-24所示。

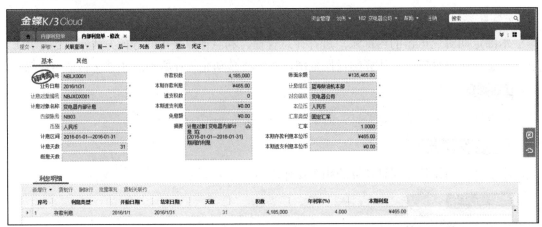

图8-24　生成内部利息单

注意：

① 由资金组织来执行计算内部活期利息，计息结果产生内部利息单。内部利息单的主业务组织为资金组织，记录各个成员单位的存款利息以及透支利息。

② 内部利息单审核时，系统会自动根据存款利息产生对应成员单位的收款单(对应的单据类型：内部利息)，根据透支利息产生对应成员单位的付款单(对应的单据类型：内部利息)。自动产生的成员单位内部利息类型的收款单和付款单，供成员单据查询内部利息数据，并更新成员单位内部账户余额，登记成员单位内部账户的银行存款日记账。

③ 成员单位的内部利息收款单、付款单，由内部利息单联动控制，只允许成员单位查询，不允许成员单位进行手工增、删、改等维护操作。

内部利息单审核后，对应的本期存款利息产生对应收付组织的内部利息收款单，对应的本期透支利息产生对应收付组织的内部利息付款单。通过内部利息单列表界面执行

【关联查询】—【下查】命令，可以在【内部利息率-下查】窗口查到对应的收付款单，如图8-25所示。

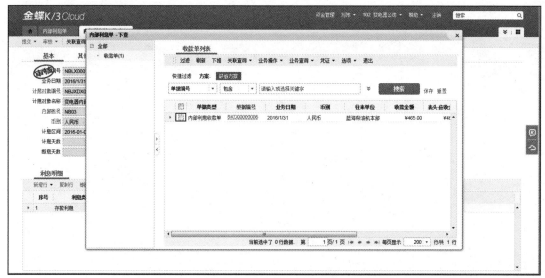

图8-25　关联查询收款单

上述实验完成后，备份账套，备份文件名为"F蓝海机械总公司(固定资产前账套)"。

第 9 章 固定资产管理

9.1 系统概述

固定资产系统以资产卡片管理为中心,包括从资产购入企业开始到资产退出的整个生命周期的管理,能够针对资产实物进行全程跟踪,记录、计量资产的价值变化,并记录资产的使用情况和折旧费用的分配情况。实现资产管理工作的信息化、规范化与标准化管理,全面提升企业资产管理工作的工作效率与管理水平,能够使资产的管理变得轻松、准确、快捷和全面。

▶ 9.1.1 固定资产管理系统主要业务流程

固定资产的取得不管其来源方式如何,都需要建立固定资产档案,输入卡片编码、资产编码,规格、型号、存放地点、资产类别、使用年限、折旧方法等必要资料,取得后,每月需要计提折旧费用,使用一段时间后,会进行出售、交换、调拨、报废等处理,期末会进行资产盘点、账务核对等。一个完整的固定资产日常业务主要包括以下4个环节:

新增固定资产→资产变更→资产处置→计提折旧

(1) 固定资产日常业务流程

图9-1列示了金蝶K/3 Cloud固定资产管理系统中的主要业务流程。

(2) 资产采购流程

金蝶K/3 Cloud资产采购流程如图9-2所示。

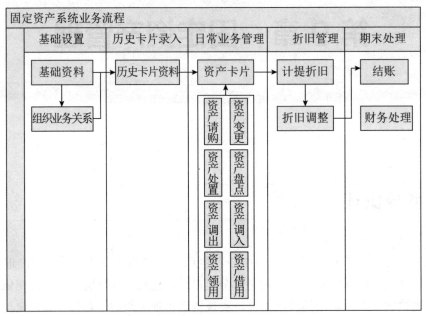

图9-1 固定资产管理系统主要业务流程

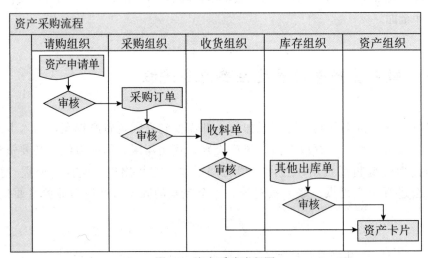

图9-2 资产采购流程图

9.1.2 重点功能概述

固定资产的多会计政策管理、资产申购和资产调拨是整个系统内相对比较复杂的操作。

1. 多会计政策管理

固定资产系统支持多会计政策核算，同一张卡片支持多价值管理。

会计政策，是系统化企业财务管理的方针政策，依据国家(地区)会计准则建立。资产管理相关的会计政策有各资产类别的资产折旧方法、资产折旧年限、折旧政策等。

从资产卡片维度看,同一张卡片支持多会计政策,不同政策下财务信息不同,但实物信息共享,资产卡片维度的多会计政策管理如图9-3所示。

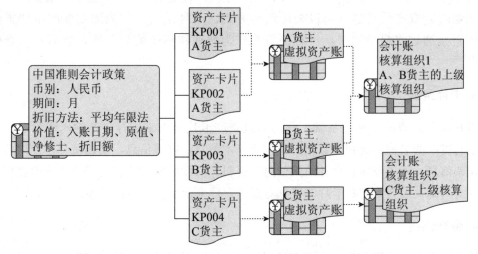

图9-3　资产卡片维度的多会计政策管理

从会计政策维度看,在同一个会计政策下,各资产类别采用的折旧方法、折旧政策、折旧年限原则上是相同的,但具体到每个卡片时允许修改。一个会计政策下管理的各资产卡片价值,类似于一个独立于总账的虚拟资产账,会计政策维度的多会计政策管理如图9-4所示。

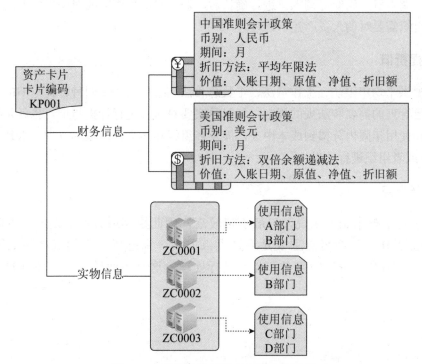

图9-4　会计政策维度的多会计政策管理

2. 资产申领

资产申领是个全员参与的工作，从员工资产的申请到资产管理部门对资产的调配，再到采购部门的采购，最后到员工的领用，整个过程比较复杂，涉及人员部门众多。

企业固定资产采购建卡可以采用两种方式，一种是资产作为固定资产申请采购后不入库直接通过收料单建卡，一种是资产作为普通物料采购后入库，然后再从仓库领用建卡。

3. 卡片录入

卡片录入是资产管理的基础工作，通过资产卡片录入来进行资产的入账管理，卡片上要填写资产的名称、类别、数量、单位等基本信息，财务信息，实物信息，使用分配信息，发票信息，附属设备和会计政策信息等资料。后续的资产的实物管理和价值管理，均以卡片为基础，因为维护好卡片的信息对资产管理来说至关重要和基础。

4. 资产调拨

资产调拨可以是资产从一个资产组织调出，调入到另外一个资产组织，也可以是资产从一个货主组织调出，调入到另外一个货主组织，主要是满足集团内组织间资产调拨，减少资产的重复采购。资产从一个资产组织调出，调入到另外一个资产组织，货主组织未发生变动，则只需要更新资产卡片的资产组织。资产从一个货主组织调出，调入到另外一个货主组织，调入资产组织对调入单进行确认后，调出资产组织需要对调出资产进行处置，调入资产组织需要对调入资产建卡管理。

5. 计提折旧

产品提供平均年限法、工作量法、年数总和法和双倍余额法四种计提折旧的方法，企业根据自己管理的需要和法规的规定，每月月底要对卡片进行计提折旧，也就是将资产的价值在预计使用年限内分摊到成本中去，涉及多组织和多会计政策的管理，卡片可以按照会计政策+或者组织进行计提。

6. 资产盘点

资产是对于整个企业来说，一般价值较高，因此定期或者不定期的盘点就是企业日常的重要工作。资产盘点主要是通过盘点方案，筛选要盘点的资产的范围和时间点。资产盘点后会对资产的盘盈和盘亏进行处理。这是企业进行账实相符的重要工作之一。

9.2 实验练习

实验一 系统初始化

应用场景

资产系统在使用开始,要进行一些特定基础资料的设定和期初数据的录入,本实验主要掌握基础资料、系统参数的录入以及初始化卡片录入。

实验步骤

(1) 新增资产位置。
(2) 折旧政策。
(3) 系统启用。
(4) 新增资产卡片。
(5) 结账完成初始化。

操作部门及人员

由信息管理员李伟录入基础资料和卡片以及初始化。

实验前准备

将系统日期调整为2016-1-1。
恢复备份账套"F蓝海机械总公司(固定资产前账套)"。

实验数据

2015年12月31日准备数据如下。
(1) 资产位置设置如表9-1所示。

表9-1 资产位置

创建组织	使用组织	地址
蓝海柴油机本部	蓝海柴油机本部	本部大楼
蓝海柴油机本部	蓝海柴油机本部	机加车间厂区
蓝海柴油机本部	蓝海柴油机本部	总装车间大楼
变电器公司	变电器公司	变电器公司厂区
销售公司	销售公司	销售公司大楼

(2) 资产系统启用期间设置如表9-2所示。

表9-2 资产系统启用期间设置

货主组织	会计政策	启用年度	启用期间
蓝海柴油机本部	中国准则会计政策	2015	12
总装事业部	中国准则会计政策	2015	12
机加事业部	中国准则会计政策	2015	12
变电器公司	中国准则会计政策	2015	12
销售公司	中国准则会计政策	2015	12

(3) 系统历史卡片数据如表9-3所示。

表9-3 历史卡片数据

资产组织	蓝海柴油机本部	蓝海柴油机本部	蓝海柴油机本部	蓝海柴油机本部	变电器公司	销售公司
货主组织	蓝海柴油机本部	蓝海柴油机本部	总装事业部	机加事业部	变电器公司	销售公司
资产类别	电子设备	房屋建筑	机器设备	机器设备	机器设备	房屋建筑
资产名称	打印机	蓝海办公大厦	龙门吊	车床	电机	销售办公大厦
资产位置	本部大楼	本部大楼	总装车间大楼	机加车间厂区	变电器公司厂区	销售公司大楼
使用部门	本部财务部	本部财务部	总装车间	机加车间	变电器车间	销售财务部
会计政策	中国准则	中国准则	中国准则	中国准则	中国准则	中国准则
开始日期	2015/12/31	2010/12/31	2010/12/31	2010/12/31	2010/12/31	2010/12/31
入账日期	2015/12/31	2015/12/31	2015/12/31	2015/12/31	2015/12/31	2015/12/31
可使用年限	4年	20年	10年	10年	10年	20年
残值率/%	5	5	5	5	5	5
原值/万	1	2000	200	200	200	2000
累计折旧	0	475	95	95	95	475

操作指导

1. 新增资产位置

信息管理员李伟登录K/3 Cloud系统主界面，在主界面执行【资产管理】—【固定资产】—【基础资料】—【资产位置】命令，单击【新增】按钮，录入界面如图9-5所示。

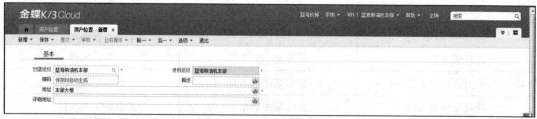

图9-5 新增资产位置界面

新增完成后，单击【保存】【提交】【审核】按钮，完成资产位置的新增。按照以上步骤，依次增添实验数据中的资产位置。

2. 折旧政策使用系统默认

在系统主界面执行【资产管理】—【固定资产】—【基础资料】—【折旧政策】命令，查看系统默认的折旧政策，界面如图9-6所示。

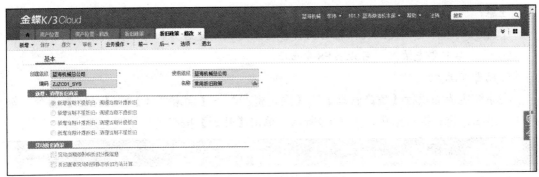

图9-6　折旧政策查看示意图

3. 启用固定资产系统

在系统主界面执行【资产管理】—【固定资产】—【启用固定资产系统】命令，进行固定资产系统的启用，如图9-7所示。

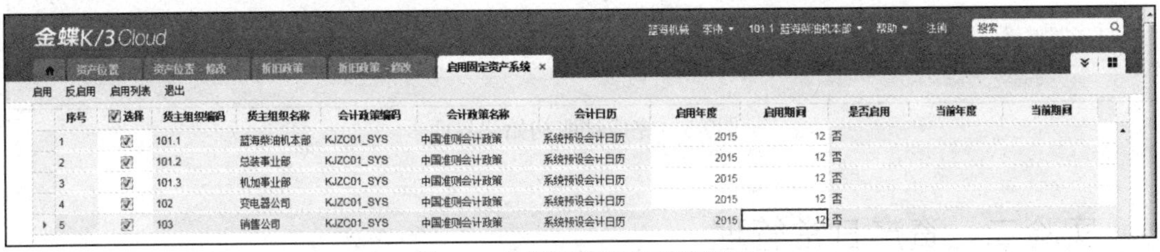

图9-7　启用固定资产系统界面

注意：

注意启用期间的修改，因为系统默认为当前期间。固定资产系统启用期间要比总账的启用期间早一个期间，才能完成初始化。

4. 新增资产卡片

在系统主界面执行【资产管理】—【固定资产】—【日常管理】—【资产卡片】命令，单击【新增】按钮，根据实验数据录入资产卡片信息，其中，在【实物信息】页签中录入资产位置，在【使用分配】页签中录入使用部门及费用项目，费用项目均为折旧费用，完成录入后提交并审核。具体界面如图9-8所示。按照以上步骤，依次增添实验数据中其他资产卡片。

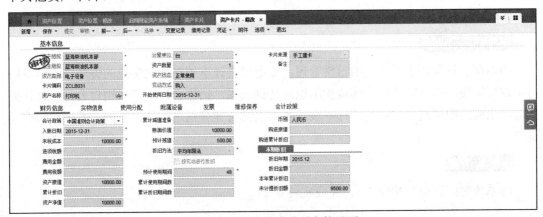

图9-8　新增资产卡片并审核界面

注意：
① 卡片的入账时间是2015年12月31日，这里是判断是否为初始卡片的唯一标识。
② 资产类别要先录入，可以按F8键选择。

5. 结账完成初始化

在系统主界面执行【资产管理】—【固定资产】—【期末处理】—【结账】命令，勾选所有组织，进行批量结账，如图9-9所示。单击【开始】按钮进行结账处理。

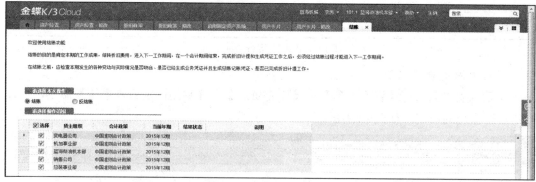

图9-9　完成结账初始化界面

实验二　资产日常管理

应用场景

对固定资产进行新增、变更、调拨、盘点、处理、折旧等管理。

实验步骤

(1) 新增资产。
(2) 资产变更。
(3) 资产调拨。
(4) 资产盘点。
(5) 资产处理。
(6) 资产折旧。

操作部门及人员

由本部会计刘伟负责资产的日常管理，变电器会计李敏对关联生成的资产调入单及应付单进行审核，信息管理员李伟维护组织间结算关系，销售会计刘洋对销售公司进行计提折旧，生成折旧调整单并对其进行审核，各组织的会计分别进行计提折旧，并生成折旧调整单。

实验前准备

将系统时间调整为2016-1-1，完成实验一。

实验数据

1. 新增资产

2016年1月1日，本部购入10台电脑，由本部会计刘伟录入资产卡片，录入资产应付单，关联资产卡片如表9-4所示。资产应付单如表9-5所示。

表9-4 资产卡片

资产组织	蓝海柴油机本部	开始日期	2016/1/1
货主组织	蓝海柴油机本部	入账日期	2016/1/1
资产类别	电子设备	可使用年限	3
资产名称	电脑	残值率/%	5
资产位置	本部大楼	原值/万	5
会计政策	中国准则	进项税额	7264.96
资产数量	10	使用部门	本部财务部

表9-5 资产应付单

单据类型	供应商	资产名称	含税单价	税率	计价数量
资产应付单	明锐五金	电脑	5000	17%	10

2. 资产变更

在完成资产卡片后，发现资产卡片"蓝海办公大楼"的数据录入有误，使用资产变更单进行调整。本部会计刘伟新增资产变更单进行资产变更，将累计折旧调整为4 700 000。

3. 资产调拨

由于业务需求，变电器公司向本部申请调拨一台打印机，录入资产调入调出单据，并完成组织间结算。本部会计刘伟录入资产调出单，将自动生成对应资产调入单。资产调出单如表9-6所示。

表9-6 资产调出单

调出资产组织	调入资产组织	资产名称
蓝海柴油机本部	变电器公司	打印机

变电器会计李敏审核关联生成的资产调入单。信息管理员李伟维护组织间结算关系，组织间结算关系如表9-7所示。

表9-7 组织间结算关系

会计核算体系	供货方	接收方
利润中心核算体系	蓝海柴油机本部	变电器公司

本部会计刘伟进行组织间结算，审核应收结算清单并下推生成应收单，完成应收单的审核。变电器会计李敏审核应付结算清单并下推生成应付单，完成应付单的审核。

4. 资产盘点

盘点方案如表9-8所示。

表9-8　盘点方案

盘点方案名称	资产组织	货主组织
本部盘点	蓝海柴油机本部	蓝海柴油机本部、总装事业部、机加事业部

5. 折旧管理

销售会计刘洋对销售公司进行计提折旧，生成折旧调整单，并对其进行审核。

各组织的会计分别进行计提折旧，并生成折旧调整单。

操作指导

1. 新增资产

(1) 新增资产卡片

本部会计刘伟登录系统，在系统主界面，执行【资产管理】—【固定资产】—【日常管理】—【资产卡片】命令，单击【新增】按钮，如图9-10所示。

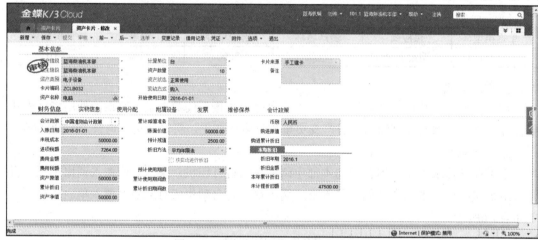

图9-10　资产卡片新增并完成审核界面

注意：

通过"新增复制"功能可以实现同时新增多个相同的固定资产。使用"新增复制"功能时，除了卡片编码顺序加1外，其他信息都复制到新卡片中，可以进行修改后保存。

(2) 录入资产应付单，关联资产卡片

本部会计刘伟在系统主界面，执行【财务会计】—【应付款管理】—【采购应付】—【应付单新增】命令，根据实验数据录入应付单，关联上一步新增的资产卡片，进行提交，完成审核，具体如图9-11所示。

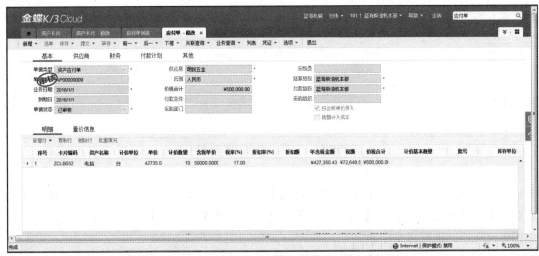

图9-11　资产应付单新增并完成审核界面

2. 资产变更

本部会计刘伟在系统主界面，执行【资产管理】—【固定资产】—【日常管理】—【资产变更】命令，选择需要变更的资产卡片"蓝海办公大楼"，在"财务信息"页签中根据实验资料录入累计折旧，如图9-12所示，完成后进行保存，提交审核。

图9-12　资产变更单新增界面

注意：

① 固定资产变更后的金额，不允许出现负数或零的情况。

② 简单资料的多张卡片变更可以通过卡片批量变更处理，从而提高工作量。

3. 资产调拨

(1) 制作资产调出单

本部会计刘伟在系统主界面，执行【资产管理】—【固定资产】—【日常管理】—【资产调出单】，单击【新增】按钮，根据前面的实验资料，填写单据，如图9-13所示，然后进行保存、提交并审核。

图9-13 资产调出单新增界面

(2) 关联生成资产调入单

资产调出单审核后会关联生成资产调入单,变电器会计李敏在系统主界面,执行【资产管理】—【固定资产】—【日常管理】—【资产调入】命令,选择需要审核的调入单,如图9-14所示,进行提交审核。

图9-14 资产调入单生成界面

注意:

① 资产调拨的发起是资产调出方。

② 资产调入单不能手工新增,只能是调出单审核后自动关联生成。

③ 资产调入单没有审核前,资产的所有权归属调出方,调入单审核后,资产的所有权归调入方,对应的折旧费用的承担组织和部门也相应有所变化。

(3) 新增组织间结算关系

信息管理员李伟执行【供应链】—【组织间结算】—【组织间结算关系】命令,单击【新增】按钮,进行组织间结算关系的新增,如图9-15所示。保存、提交并审核。

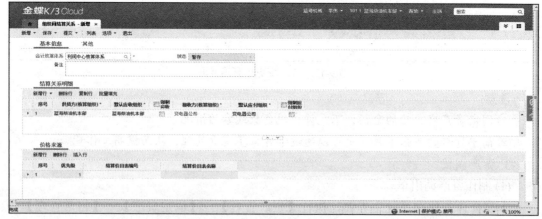

图9-15 组织间结算关系新增界面

本部会计刘伟执行【供应链】—【组织间结算】—【创建结算清单】命令,会计核算体系选择"利润中心核算体系",核算组织选择"蓝海柴油机本部",开始日期为2016/1/1,结束日期为2016/1/31,如图9-16所示,单击【下一步】按钮,进行组织间结算。

图9-16　创建结算清单界面

在参数设置中仅勾选结算业务对方组织自动生成结算清单,单击【下一步】按钮,直至结算完成。

本部会计刘伟执行【供应链】—【组织间结算】—【应收结算清单_资产】命令,提交审核对应的应收结算清单,并下推生成应收单,提交审核,如图9-17所示。

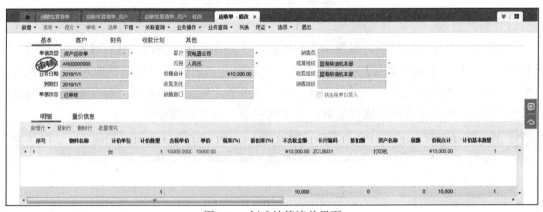

图9-17　创建结算清单界面

按照以上步骤,变电器会计李敏登录系统,执行【供应链】—【组织间结算】—【应付结算清单_资产】命令,审核对应的应付结算清单,并下推生成应付单,提交审核。

4. 资产盘点

(1) 新增盘点方案

本部会计刘伟在系统主界面,执行【资产管理】—【固定资产】—【资产盘点】—【盘点方案】命令,单击【新增】按钮,进行盘点方案的新增,盘点本部、总装及机加的资产,根据实验数据录入信息并进行保存、提交及审核,如图9-18所示。

图9-18 盘点方案审核完成界面

(2) 生产盘点表

在系统主界面，执行【资产管理】—【固定资产】—【资产盘点】—【盘点方案】命令，选择上述建立的盘点方案，如图9-19所示，单击【生成盘点表】按钮，生成盘点表。

图9-19 盘点方案查询界面

(3) 资产盘点

本部会计刘伟进行盘点，发现少了台电脑，于是在系统主界面，执行【资产管理】—【固定资产】—【资产盘点】—【资产盘点表】命令，选择资产盘点表进入资产盘点表-修改界面，录入初盘数量，其中电脑初盘数量为9个，如图9-20所示。提交审核盘点表，可选择是否复盘，本案例不进行复盘，系统将自动生成盘盈盘亏单。

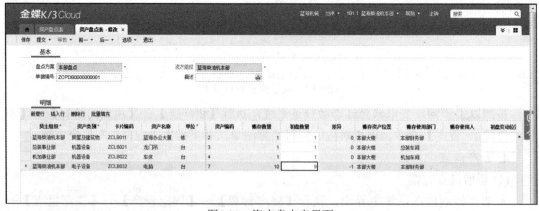

图9-20 资产盘点表界面

(4) 盘盈盘亏单

本部会计刘伟进行盘点表审核后，执行【资产管理】—【固定资产】—【资产盘点】—【盘盈盘亏单】命令，查看盘亏单，并进行保存、提交并审核，如图9-21所示。

图9-21　盘盈盘亏单完成审核界面

5. 资产处置

本部会计刘伟进行盘盈盘亏单审核后，执行【资产管理】—【固定资产】—【资产盘点】—【盘盈盘亏单】命令，选择前面步骤审核的盘亏单，下推生产资产处置单，录入处置币别为人民币，清理费用为5000元，如图9-22所示，并进行审核提交。

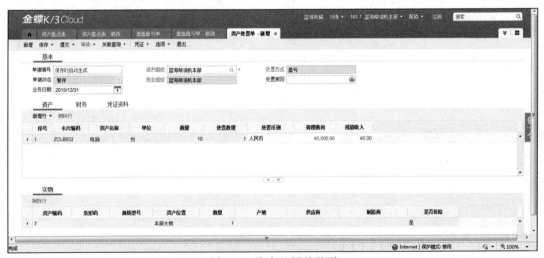

图9-22　资产处置单界面

6. 折旧管理

在系统主界面，本部会计刘伟执行【资产管理】—【固定资产】—【折旧管理】—【计提折旧】命令，进入后，选择蓝海柴油机本部，如图9-23所示，单击【计提折旧】按钮。折旧完成后，系统会自动生成折旧调整单，在系统主界面执行【资产管理】—【固定资产】—【折旧管理】—【折旧调整单】命令，查看折旧调整单并提交审核。参照上述步骤，各组织的会计分别对本组织进行计提折旧处理，并审核对应生成的折旧调整单。

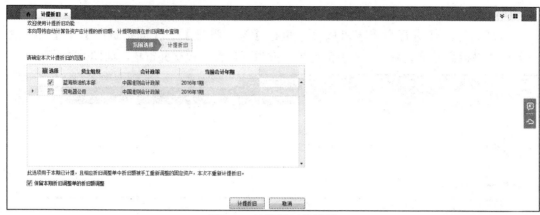

图9-23 计提折旧单界面

注意：

① 计提折旧前卡片均要处于审核状态。

② 计提折旧时可以选择不同货主组织、不同会计政策，也可以批量操作。

③ 计提折旧后，系统自动生成折旧调整单，可以手工修改。

④ "保留本期折旧调整单的折旧调整额"选项要注意使用。

上述实验完成后，备份账套，备份文件名为"F蓝海机械总公司(发票管理前账套)"。

第 10 章 发票管理

10.1 系统概述

发票是指购销商品、提供或者接受劳务和其他经营活动中开具、收取的收付款凭证。发票管理系统记录企业开具和收取的发票,一方面作为会计核算的原始凭证,准确地反映经济活动;另一方面也是缴纳税款的依据,同时为配合审计和税务机关执法检查提供全面综合的信息。

10.1.1 发票系统基本业务流程

应付业务流程如图10-1所示,发票管理系统通过应付单,可选择一张或多张应付单合并生成采购增值税专用发票或采购普通发票,同时可进行应付开票核销。

应收业务流程如图10-2所示,发票管理系统通过应收单来进行销售开票确认,可选择一张或多张应收单合并生成销售增值税专用发票或销售普通发票,同时可进行应收开票核销。

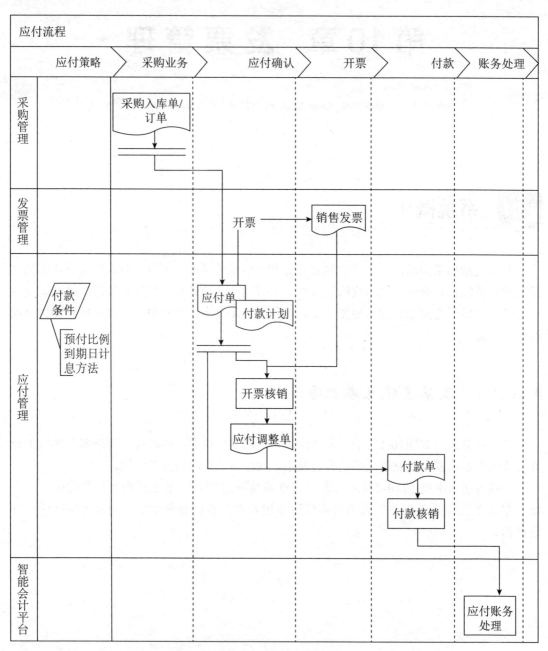

图10-1 应付流程图

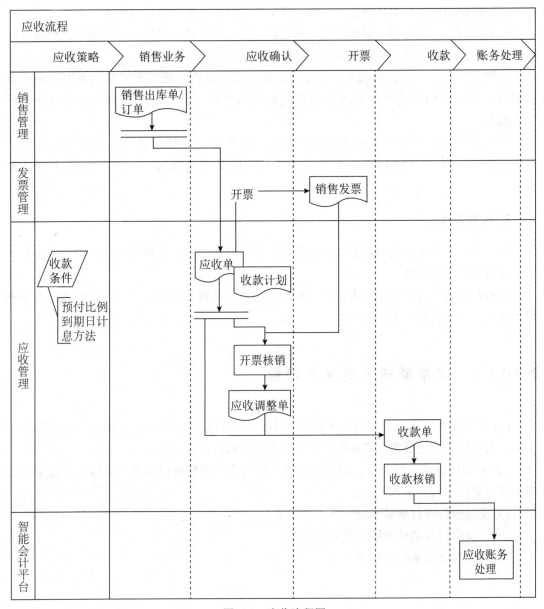

图10-2 应收流程图

10.1.2 重点功能概述

发票管理系统主要处理两方面的业务：采购发票和销售发票。

1. 采购发票

采购发票主要包括采购增值税专用发票、采购普通发票和费用发票，这些发票都是从供应商处取得的发票。支持应付单一对一或合并下推生成对应的采购发票。

如果供应商是增值税一般纳税人，可以提供采购增值税专用发票，采购增值税发票的税额采用价外税的逻辑，相应的税额可以作为进项税额抵扣。

如果供应商是小规模纳税人，只能提供采购普通发票，采购普通发票采用价内税金的逻辑，相应的税额不允许抵扣，但是根据税法规定，购买农产品等收到的普通发票允许抵扣。

采购费用发票适用于采购过程中发生的一些费用，如材料采购过程中同时发生了一些运费等。根据税法规定，采购过程中这样的费用可以按一定的比例作为进项税抵扣。

2. 销售发票

销售发票主要包括销售增值税专用发票、销售普通发票。支持应收单一对一或合并下推生成对应的销售发票。

如用户的客户为一般纳税人，则一般开具销售增值税专用发票；如用户的客户为小规模纳税人，则开具销售普通发票。

▶ 10.1.3 发票管理系统主要功能

（1）提供多种发票，分别对应实际业务中的不同种发票，包括采购增值税专用发票、采购普通发票、费用发票、销售增值税专用发票、销售普通发票。

（2）采购增值税专用发票、销售增值税专用发票、销售普通发票支持按照含税单价或者不含税单价不同的录入方式。

（3）支持应收应付单据一对一或合并开票。

（4）支持应付开票核销和应收开票核销。

（5）提供与金税系统的对接。

10.2 实验练习

实验一 采购发票处理

应用场景

企业购销商品、接受劳务和其他经营活动服务时支付相关费用，并收取发票，本章练习主要是反映企业日常收取的发票管理。

实验步骤

(1) 采购发票快速新增。

(2) 应付单下推生成采购发票。

操作部门及人员

在总装事业部,总装会计李秀英负责采购发票的处理和管理。

实验前准备

将系统时间调整为2016-1-1。

恢复备份账套"F蓝海机械总公司(发票管理前账套)"。

实验数据

总装事业部因生产需要先后向供应商明锐五金采购轴承5个,含税单价2000元/个,含税采购总价为10 000元;采购气阀盖20个,含税单价500元/个,含税采购总价为10 000元;向月锐五金采购制动器4个,含税单价500元/个,含税采购总价为2000元。本次采购产生的应付单如表10-1所示。

表10-1 采购标准应付单

单据类型	业务日期	供应商	单据编号	币别	价税合计	采购组织
标准应付单	2016/1/1	明锐五金	AP00000002	人民币	10 000元	总装事业部
标准应付单	2016/1/1	月锐五金	AP00000003	人民币	2000元	总装事业部
标准应付单	2016/1/1	明锐五金	AP00000007	人民币	10 000元	总装事业部

总装事业部会计李秀英根据以上应付单生成各家供应商的采购发票,若收到相同供应商集中开具的发票则可以通过合并生成一张采购发票进行录入。

操作指导

1. 采购发票快速新增

总装会计李秀英登录金蝶K/3 Cloud主界面,执行【财务会计】—【发票管理】—【采购发票】—【采购增值税专用发票快速新增】命令,选择供应商为月锐五金的应付单AP00000003,单击【生成采购发票】按钮,然后选择单据采用"采购增值税专用发票",如图10-3所示。

单击【确定】按钮后即可生成一张采购增值税专用发票,单击【提交】按钮和【审核】按钮后如图10-4所示。

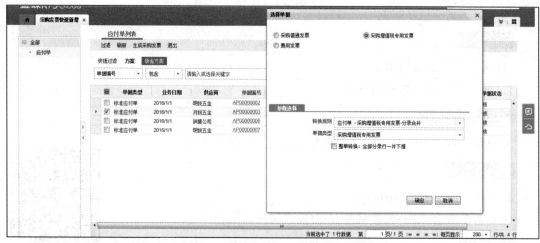

图10-3　采购发票快速新增(不合并)

图10-4　月锐五金采购增值税专用发票

2.应付单下推生成采购发票

相同供应商可以合并生产采购发票，总装会计李秀英登录金蝶K/3Cloud主界面，执行【财务会计】—【应付款管理】—【采购应付】—【应付单列表】命令，选择供应商为明锐五金的应付单AP00000002和应付单AP00000006，单击【下推】按钮，然后选择单据采用"采购增值税专用发票"，转换规则采用"应付单-采购增值税专用发票-分录合并"，如图10-5所示。

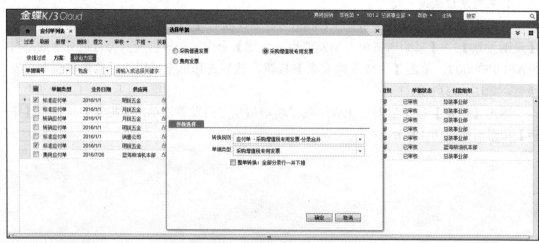

图10-5　采购发票快速新增(合并)

单击【确定】按钮后即可生成一张采购增值税专用发票，单击【提交】和【审核】按钮后如图10-6所示。

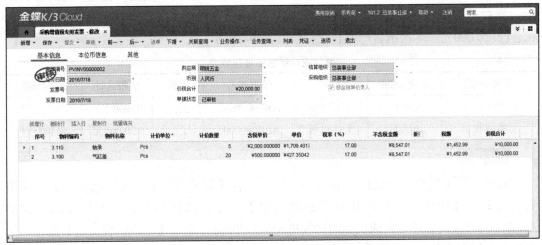

图10-6 明锐五金采购增值税专用发票

注意：

① 在生成采购发票的时候，请注意采购增值税专业发票和采购普通发票的区别，根据业务需要生产相应的发票类型。

② 不同的供应商生成采购发票选择转换规则采用"应付单-采购增值税专用发票-分录不合并"。

③ 相同的供应商生成采购发票可选择转换规则采用"应付单-采购增值税专用发票-分录合并"，合并生产一张总采购发票，也可根据企业的需求，选择转换规则采用"应付单-采购增值税专用发票-分录不合并"分别生成多张采购发票。

实验二 销售发票处理

应用场景

企业销售商品、提供劳务和其他经营活动服务时收取相关费用，并开具发票，本章练习主要是反映企业日常开具的发票管理。

实验步骤

销售发票快速新增。

操作部门及人员

在销售公司，销售会计王艳负责销售发票的处理和管理。

实验前准备

将系统时间调整为2016-1-1。

接实验一继续练习

实验数据

2016年1月1日,销售公司分别向东方机械出售5台70kw的柴油机,含税单价6000美元/台,含税总价30 000美元;向大成机械出售4台50kw的柴油机,含税单价30 000元/台,含税总价120 000元。本次销售产生的应收单如表10-2所示。

表10-2 销售标准应收单

单据类型	业务日期	客户	单据编号	币别	价税合计	采购组织
标准应收单	2016/1/1	东方机械	AR00000002	美元	30 000美元	销售公司
标准应收单	2016/1/1	大成机械	AR00000003	人民币	120 000元	销售公司

操作指导

销售会计王艳登录金蝶K/3Cloud主界面,执行【财务会计】—【发票管理】—【销售发票】—【销售增值税专用发票快速新增】命令,选择客户为东方机械的应收单AR00000002以及客户为大成机械的应收单AR00000003,单击【生成销售发票】按钮,然后选择单据采用"销售增值税专用发票",转换规则采用"应付收单-销售增值税专用发票-分录不合并",如图10-7所示。

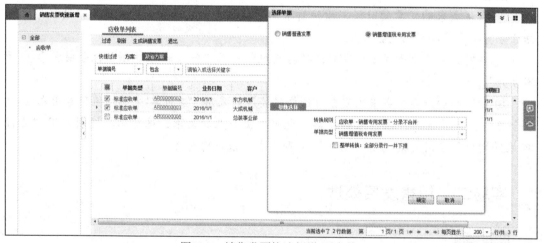

图10-7 销售发票快速新增(不合并)

单击【确定】按钮后进入销售增值税专用发票界面,如图10-8所示。单击【生成全部】按钮后,可到销售增值税专用发票列表中查看对应发票并进行提交审核操作。

执行【财务会计】—【发票管理】—【销售发票】—【销售增值税专用发票列表】命令,打开客户为东方机械的销售增值税专用发票SVINV00000001,单击【提交】和【审核】按钮后如图10-9所示,参照上述操作审核客户为大成机械的销售增值税专用发票SVINV00000002,如图10-10所示。

第 10 章 发票管理 | 151

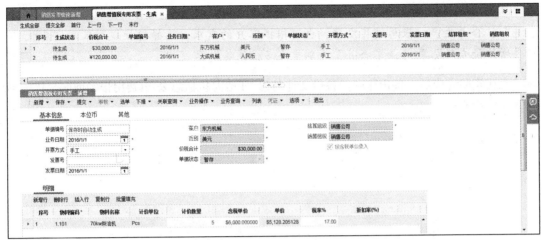

图10-8 销售发票生成

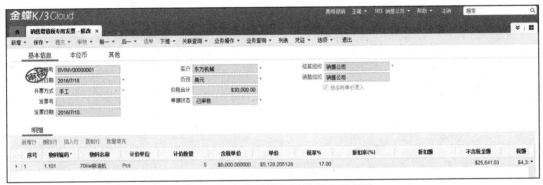

图10-9 东方机械销售增值税专用发票

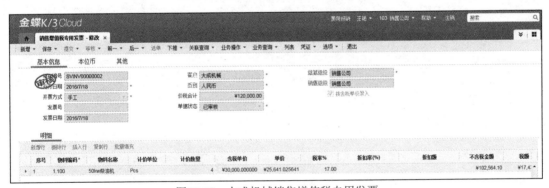

图10-10 大成机械销售增值税专用发票

注意：

① 在生成销售发票的时候，请注意销售增值税专业发票和销售普通发票的区别，根据业务需要生产相应的发票类型。

② 不同的客户生成采购发票选择转换规则采用"应收单-销售增值税专用发票-分录不合并"，根据不同的客户名称生产不同名称的销售发票。

③ 相同的客户生成销售发票可选择转换规则采用"应收单-销售增值税专用发票-分录合并",合并生产一张总销售发票,也可根据客户的需求,选择转换规则采用"应收单-销售增值税专用发票-分录不合并"分别生成多张销售发票。

上述实验完成后,备份账套,备份文件名为"F蓝海机械总公司(费用报销前账套)"。

第11章 费用报销

11.1 系统概述

费用报销系统,面向企业全员以及财务报销人员,提供完整的费用报销流程,支持从费用申请、借款到费用报销、退款以及费用二次分配与移转业务。

费用报销系统与出纳、应付系统无缝集成,精细化的个人往来管理,有助于企业费用合理统筹,防止不必要的浪费和支出。

11.1.1 费用报销系统基本业务流程

费用报销系统业务流程如图11-1所示。

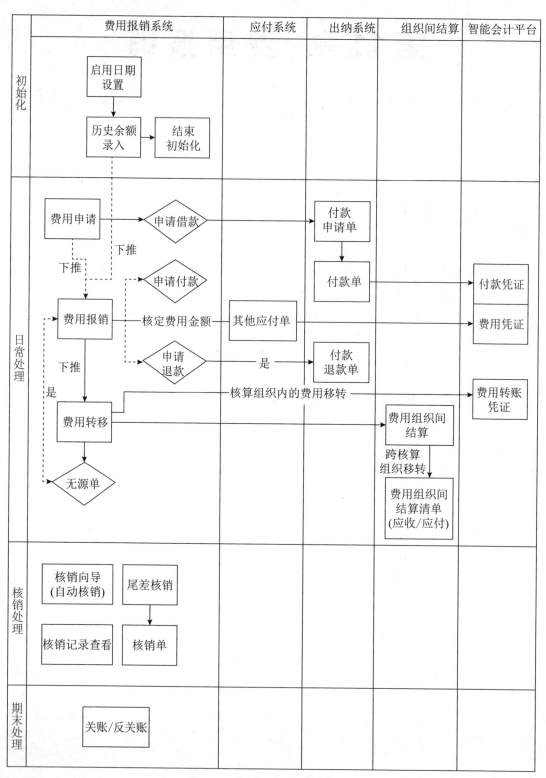

图11-1 费用报销系统整体流程

11.1.2 重点功能概述

费用报销主要包括基础设置、初始化业务、日常业务、期末处理四部分。基本的使用流程和重要功能如下。

1. 基础设置

在系统使用前,首先进行基础资料准备工作。与费用报销紧密相关的有费用项目、员工、部门、供应商、客户、币别、组织机构、会计核算体系、账簿信息、汇率体系等。

其次,修改和查询系统参数设置。

2. 初始化业务

在费用报销系统正式进行日常业务操作前,首先需要完成费用报销申请组织的启用日期设置,再将上系统前还未归还的费用历史借款余额进行统一的整理和录入,最后进行结束初始化操作。

3. 日常业务

企业全员根据工作需要,相应进行费用(出差)申请,收到发票后再进行费用(差旅费)报销,各级领导、财务人员进行申请和报销审批。

企业费用管理人员,根据企业实际需要,进行费用承担对象的移转操作。

企业费用管理人员,根据企业实际需要,对于零星尾差无法核销的借款、报销,进行尾差核销处理。

4. 期末处理

最后进行期末关账处理。

11.1.3 费用报销系统的特性

1. 完整的费用报销流程

完整支持先申请后报销、先借款后报销、实报实销、退借款等报销业务;对上系统前历史借款余额的管理,用于日后报销平账。对费用(出差)申请的管理,用于费用支出、出差事由以及借款的申请与审批。对费用(差旅费)报销的管理,用于员工个人、部门等往来对象的各项费用的报销。

2. 精细化费用往来管理

报销主体可精细化到员工个人、部门、供应商、客户以及其他往来单位,报销确认的所有费用统一自动传送到应付系统的其他应付单，帮助企业进行完整的往来管理。

3. 灵活的费用二次分配与移转

灵活的费用二次分配与移转，既支持先报销后移转，也支持先分配(移转)后报销业务。

对于已报销确认的费用，可根据企业实际情况，在以后任意期间移转到其他实际费用承担对象。对于费用已申请但发票未到，而费用已经实际发生了分配和移转时，可先行进行费用的移转，后续发票收到再进行费用报销。

支持跨核算组织、跨业务组织、跨往来单位、跨费用项目的费用移转。对于核算组织内的费用移转，支持转账凭证的生成。

对于跨核算组织的费用移转，支持通过费用间组织结算，生成转出转入组织的内部应收应付。

4. 全面核销管理，精准跟踪费用借款与报销

通过申请到报销的下推、历史借款到报销的下推实报实销，系统自动完成绝大部分应付付款的核销工作，辅助核销向导以及尾差的特殊核销功能，帮助企业费用报销人员、报销申请人精准地跟踪每一笔费用借款及费用报销的报销、付款、退款情况。

11.2 实验练习

实验一　角色授权

应用场景

在使用费用报销系统之前，为了能让出纳具有费用报销系统的相关权限，系统管理员根据企业业务的需要，对出纳进行相关角色授权。

实验步骤

出纳角色授权。

操作部门及人员

由系统管理员administrator登录进行出纳角色费用报销查看权的授权。

实验前准备

将系统日期调整为2016-1-1。
恢复备份账套"F蓝海机械总公司(费用报销前账套)"。

实验数据

K/3 Cloud系统管理员授权出纳角色费用报销的查看权，授权模式为权限组，授权数

据具体如表11-1所示。

表11-1 授权数据

权限组名称	有权	无权	禁止
查询	√		
编辑		√	
审核		√	
业务操作	√		
其他	√		

操作指导

系统管理员administrator登录金蝶K/3 Cloud主界面，执行【系统管理】—【系统管理】—【批量授权】—【子系统批量授权】命令，选择授权角色"出纳"，选择授权模式"权限组"，勾选系统为费用报销，按照实验数据设置权限组，如图11-2所示。单击【授权】按钮进行授权。

图11-2 出纳角色授权

实验二 系统初始化

应用场景

在正式进行费用报销系统日常业务操作前，首先需要完成费用报销系统的系统参数设置，完成申请组织的启用日期设置，再将上系统前还未归还的费用历史借款余额进行统一的整理和录入，最后进行结束初始化操作。

实验步骤

(1) 系统参数设置。
(2) 启用日期设置。

(3) 历史借款余额录入。
(4) 结束初始化。

操作部门及人员

由信息管理员李伟对费用报销进行初始化。

实验前准备

接实验一继续练习。

实验数据

(1) 系统参数如表11-2所示。

表11-2 系统参数

系统参数	参数值
结算控制	申请单未审核不允许关联 报销单未审核不允许管理 转移单未审核不允许关联
部门单据列表	当前员工主任岗位所属部门
移动端选项	结算方式：现金，预计还款天数：30
其他选项	报销单同步其他应付单时期：提交

(2) 系统启用日期为2016年1月1日。

(3) 员工张健在启用费用报销前向公司借款3000元用于举办团队活动，历史借款信息如表11-3所示。

表11-3 历史借款信息

申请组织	蓝海柴油机本部	借款日期	2015-12-31
本位币	人民币	预计还款日期	2016-1-5
汇率类型	固定汇率	往来单位类型	员工
汇率	1.0	往来单位	张健
历史借款余额	3000	费用项目	办公费
事由	活动费用预支	原申请人	张健

操作指导

1. 系统参数设置

信息管理员李伟登录金蝶K/3 Cloud主界面，执行【财务会计】—【费用报销】—【参数设置】—【费用报销系统参数】命令，选择组织机构为"蓝海柴油机本部"，具体的参数设置如图11-3所示。

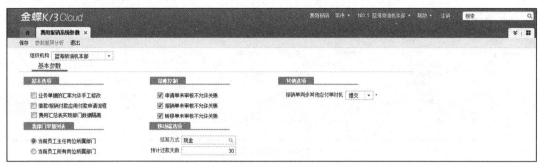

图11-3　系统参数设置

2. 启用日期设置

信息管理员李伟登录金蝶K/3 Cloud主界面，执行【财务会计】—【费用报销】—【初始化】—【启用日期设置】命令，启用日期设置为"2016/1/1"，单击【启用】按钮，具体设置如图11-4所示。

选择	业务组织编码	业务组织名称	描述	启用日期	状态
✓	100	蓝海机械总公司		2016/1/1	启用
✓	101	蓝海柴油机公司		2016/1/1	启用
✓	101.1	蓝海柴油机本部		2016/1/1	启用
✓	101.2	总装事业部		2016/1/1	启用
✓	101.3	机加事业部		2016/1/1	启用
✓	102	变电器公司		2016/1/1	启用
✓	103	销售公司		2016/1/1	启用

图11-4　启用日期设置

3. 历史借款余额录入

信息管理员李伟登录金蝶K/3 Cloud主界面，执行【财务会计】—【费用报销】—【初始化】—【历史借款余额录入】命令，员工张健在启用费用报销前向公司借款3000元用于举办团队活动，信息管理员李伟录入历史借款余额，录入数据后再进行提交和审核，如图11-5所示。

图11-5　历史借款余额录入

4. 结束初始化

信息管理员李伟登录金蝶K/3 Cloud主界面，执行【财务会计】—【费用报销】—【初始化】—【结束初始化】命令，勾选所有组织，单击【结束初始化】按钮，进行结束初始化操作，如图11-6所示。

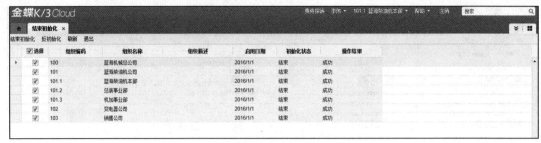

图11-6 结束初始化

实验三 先申请后报销再转移

应用场景

蓝海柴油机本部帮助总装事业部采购办公用品,由蓝海柴油机本部员工张健进行采购。张健采购完后,蓝海柴油机本部对其报销办公用品费用,再将费用转移给总装事业部。

实验步骤

(1) 费用申请。
(2) 费用报销。
(3) 费用付款。
(4) 费用转移。
(5) 组织间结算。

操作部门及人员

蓝海柴油机本部会计刘伟负责费用的申请、报销、转移和维护组织间结算关系,蓝海柴油机本部出纳王静负责报销费用的付款,总装事业部会计李秀英负责组织间结算应付单的提交和审核。

实验前准备

接实验二继续练习。

实验数据

1. 费用申请

2016年1月1日,蓝海柴油机本部财务部申请统一采购一批办公用品(代总装事业部统一采购),填报费用申请单如表11-4所示。

表11-4 费用申请单

申请日期	2016/1/1	费用承担组织	蓝海柴油机本部
申请部门	蓝海柴油机本部财务部	费用承担部门	本部财务部
申请人	张健	币别	人民币
事由	购买办公用品	费用项目	办公费
申请组织	蓝海柴油机本部	申请金额	5000

2. 费用报销

下推生成费用报销单如表11-5所示。

表11-5　费用报销单

申请组织	蓝海柴油机本部	费用承担部门	本部财务部
申请人	张健	往来单位类型	员工
申请部门	蓝海柴油机本部财务部	币别	人民币
事由	购买办公用品	申请付款	勾选
申请日期	2016/1/1	付款组织	蓝海柴油机本部
费用承担组织	蓝海柴油机本部	结算方式	现金

3. 费用付款

下推生成费用付款单如表11-6所示。

表11-6　费用付款单

单据类型	费用报销付款单	应付金额	5500
业务日期	2016/1/1	实付金额	5500
往来单位类型	员工	付款组织	蓝海柴油机本部
往来单位	张健	结算组织	蓝海柴油机本部
收款单位类型	员工	部门	本部财务部
收款单位	张健	结算方式	现金
币别	人民币	付款用途	费用报销

4. 费用转移

转入总装事业部财务部5500元，下推生成费用移转单如表11-7所示。

表11-7　费用转移单

转移日期	2016/1/1	往来单位类型	员工
转出组织	蓝海柴油机本部	往来单位	张健
转移事由	购买办公用品	转入组织	总装事业部
转移金额	5500	转入部门	总装财务部
转出部门	本部财务部	转入经手人	李俊
转出经手人	张健	转入费用项目	办公费
币别	人民币	转入往来单位类型	部门
转出费用项目	办公费	转入往来单位	总装财务部

5. 组织间结算

(1) 创建组织间结算关系如表11-8所示。

表11-8　组织间结算关系

会计核算体系	利润中心核算体系
供货方(核算组织)	蓝海柴油机本部
默认应收款项	蓝海柴油机本部
接收方(核算组织)	总装事业部
默认应付组织	总装事业部

(2) 创建结算清单。选择利润中心核算体系,核算组织为蓝海机械柴油机本部,结算业务时间为2016年1月1日至2016年1月31日,结算目标为"创建应收结算清单_费用"和"创建应付结算清单_费用"。

(3) 查看应收结算清单,下推生成应收单如表11-9所示。

表11-9 应收单

单据类型	费用应收单	核算组织	蓝海柴油机本部
业务日期	2016/1/1	收款组织	蓝海柴油机本部
到期日	2016/1/31	费用项目	办公费
客户	总装事业部	含税单价	5500
币别	人民币	单价	5500
加税合计	5500	费用承担部门	本部财务部

(4) 查看应付结算清单,下推生成应付单如表11-10所示。

表11-10 应付单

单据类型	费用应付单	结算组织	总装事业部
业务日期	2016/1/1	付款组织	总装事业部
到期日	2016/1/31	采购组织	总装事业部
供应商	蓝海柴油机本部	费用项目	办公费
币别	人民币	含税单价	5500
加税合计	5500	不含税单价	5500

操作指导

1. 费用申请

蓝海柴油机本部会计刘伟登录金蝶K/3 Cloud主界面,执行【财务会计】—【费用报销】—【费用申请】—【费用申请单】命令,双击进入填写费用申请单界面,如图11-7所示。

2. 费用报销单

蓝海柴油机本部会计刘伟登录金蝶K/3 Cloud主界面,执行【财务会计】—【费用报销】—【费用申请】—【费用申请单列表】命令,由费用申请单直接下推费用报销单,勾选申请付款,根据实验数据录入信息,其中付款组织和结算方式在【付款信息】页签中录入,如图11-8所示。

图11-7 费用申请单

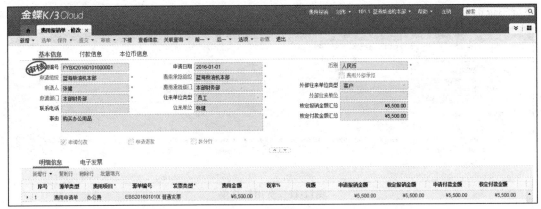

图11-8 费用报销单

费用报销单审核后自动生成对应的其他应付单(系统自动审核)，查看路径为执行【财务会计】—【应付款管理】—【其他应付】—【其他应付单列表】命令，如图11-9所示。

图11-9 费用报销单

3. 费用付款

蓝海柴油机本部出纳王静登录金蝶K/3 Cloud主界面，执行【财务会计】—【出纳管理】—【付款单】命令，单击【新增】按钮，单据类型选择"费用报销付款单"，再通过"选单"方式选择前面步骤的费用报销单，如图11-10所示，保存并提交审核。

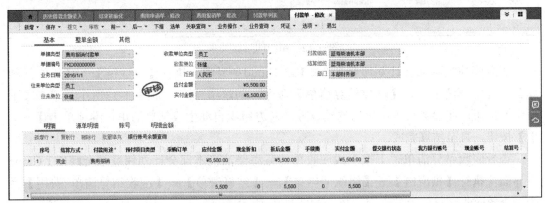

图11-10 费用付款单

4. 费用转移

蓝海柴油机本部会计刘伟登录金蝶K/3 Cloud主界面，通过费用报销单下推生成费用转移单，执行【财务会计】—【费用报销】—【费用报销】—【费用报销单列表】命令，选择上述费用报销单，通过下推的方式生成费用转移单，根据实验数据录入信息，如图11-11所示。

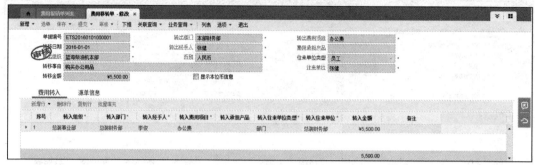

图11-11 费用转移单

5. 组织间结算

在利润中心核算体系下，费用从蓝海柴油机本部到总装事业部的移转，涉及跨组织的费用组织间结算。生成费用组织间费用结算清单，下推生成应收单、应付单，操作方法为：蓝海柴油机本部会计刘伟登录金蝶K/3 Cloud主界面，执行【供应链】—【组织间结算】—【组织间结算关系】—【组织间结算关系类表】命令，单击【新增】按钮，根据实验数据录入，创建的组织间结算关系如图11-12所示。

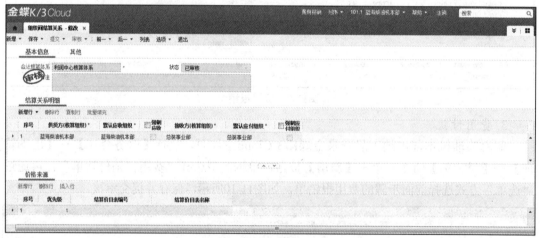

图11-12 组织间结算关系

蓝海柴油机本部会计刘伟登录金蝶K/3 Cloud主界面，执行【供应链】—【组织间结算】—【结算清单】—【创建结算清单】命令，创建结算清单如图11-13所示。单击【下一步】按钮，在参数设置中仅勾选结算业务对方组织自动生成结算清单，继续单击【下一步】按钮，直至结算完成。

查看应收结算清单，下推生成应收单。蓝海柴油机本部会计刘伟登录金蝶K/3 Cloud主界面，执行【供应链】—【组织间结算】—【结算清单】—【应收结算清单_费用】命令，查看应收结算清单并提交审核，如图11-14所示。

应收结算清单下推生成应收单，并提交审核，如图11-15所示。

总装事业部会计李秀英登录系统，参照上述步骤，将应付组织结算清单下推生成应付单，并提交审核，如图11-16和图11-17所示。

第11章 费用报销 | 165

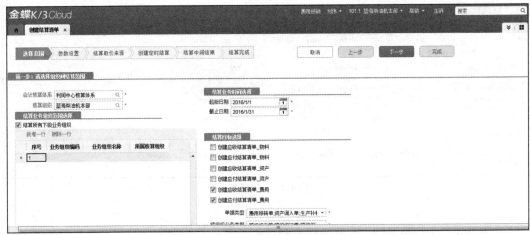

图11-13 创建结算清单

图11-14 应收结算清单

图11-15 应收单

图11-16 应付结算清单

图11-17　应付单

实验四　已借款直接报销再核销

应用场景

蓝海柴油机本部员工张健在系统初始化前,向公司借款3000元用于团队活动,现在活动结束向蓝海柴油机本部进行报销,蓝海柴油机本部对该笔借款进行核销。

实验步骤

(1) 新增费用报销单。
(2) 查看核销方案。
(3) 向导自动核销。
(4) 完成核销、查看核销记录。

操作部门及人员

蓝海柴油机本部会计刘伟负责。

实验前准备

接实验三继续练习。

实验数据

(1) 2016年1月1日,新增费用报销单如表11-11所示。

表11-11　费用报销单

申请部门	本部财务部	往来单位类型	员工
申请人	张健	往来单位	张健
事由	历史借款报销	币别	人民币
申请组织	柴油机本部	费用项目	团队活动费
费用承担组织	柴油机本部	发票类型	普通发票
费用承担部门	本部财务部	费用金额	3000

(2) 使用预制方案，对蓝海柴油机本部进行向导自动核销。

操作指导

1. 新增费用报销单

蓝海柴油机本部会计刘伟登录金蝶K/3 Cloud主界面，执行【财务会计】—【费用报销】—【费用报销】—【费用报销单】，单击【新增】按钮后录入实验数据，然后保存、提交并审核，如图11-18所示。

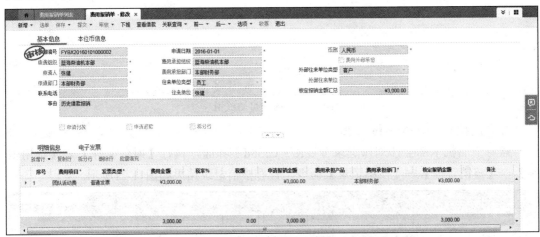

图11-18　费用报销单

2. 查看核销方案

蓝海柴油机本部会计刘伟登录金蝶K/3 Cloud主界面，执行【财务会计】—【费用报销】—【核销管理】—【核销方案】命令，选择相应的单据查看结果，如图11-19所示。

图11-19　查看核销方案

3. 向导自动核销

蓝海柴油机本部会计刘伟登录金蝶K/3 Cloud主界面，执行【财务会计】—【费用报销】—【核销管理】—【自动核销向导】命令，向导自动核销如图11-20所示。单击【下一步】按钮，直至核销结束。

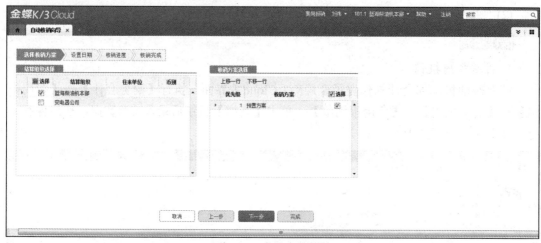

图11-20　向导自动核销

4. 完成核销、查看核销记录

蓝海柴油机本部会计刘伟登录金蝶K/3 Cloud主界面，执行【财务会计】—【费用报销】—【核销管理】—【核销记录】命令，查看核销记录结果如图11-21所示。

核销序号	核销人	核销日期	源单据类型	源单据编号	往来单位类型	往来单位	币别	结算方式	结算组织	业务日期	费用金额
100001	刘伟	2016-07-27	费用报销付款单	FKD00000007	员工	张健	人民币	现金	蓝海柴油机本部	2016-01-01	¥4,600.00
100001	刘伟	2016-07-27	费用报销其他应付	QTYFD00000004	员工	张健	人民币	现金	蓝海柴油机本部	2016-07-27	¥5,000.00
100001	刘伟	2016-07-27	差旅费报销单	CLFBX00000001	员工	张健	人民币	现金	蓝海柴油机本部	2016-07-27	¥5,000.00
100002	王静	2016-07-27	差旅费报销单	CLFBX00000001	员工	张健	人民币	现金	蓝海柴油机本部	2016-07-27	¥5,000.00
100002	王静	2016-07-27	费用报销其他应付	QTYFD00000004	员工	张健	人民币	现金	蓝海柴油机本部	2016-07-27	¥5,000.00
100002	王静	2016-07-27	费用报销付款单	FKD00000008	员工	张健	人民币	现金	蓝海柴油机本部	2016-07-27	¥400.00

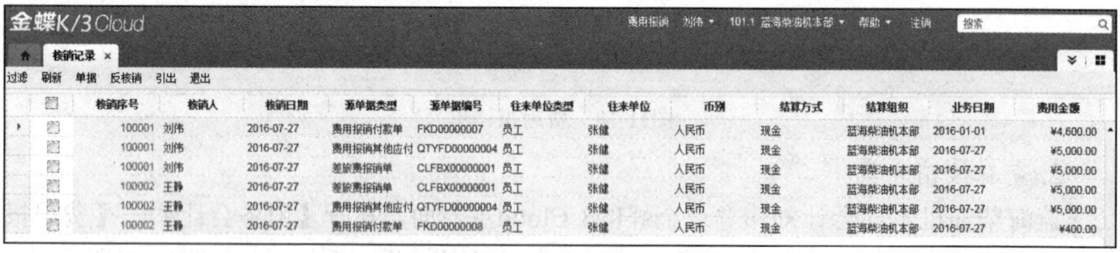

图11-21　核销记录

实验五　先申请借款后再进行补差价

应用场景

蓝海柴油机本部员工张健因项目支持需要出差，出差前向本部提出出差申请并申请借款4600元，因机票涨价，出差结束后张健差旅费实际报销额为5000元，进行报销时，冲销原借款4600元，并支付差价400元。

实验步骤

(1) 新增出差申请单。

(2) 出差借款单审核并付款。

(3) 出差费用报销。

(4) 差旅费补差价。

(5) 费用汇总表查询。

第 11 章 费用报销 | 169

操作部门及人员

蓝海柴油机本部会计刘伟负责。

实验前准备

接实验四继续练习。

实验数据

(1) 新增出差申请单如表11-12所示。

表11-12 出差申请单

申请日期	2016/1/1	币别	人民币
申请部门	本部财务部	费用项目	差旅费
申请人	张健	开始日期	2016-1-1
事由	项目支持	结束日期	2016-1-1
申请组织	蓝海柴油机本部	始发地、目的地	深圳-上海
费用承担组织	蓝海柴油机本部	机票	4000
费用承担部门	本部财务部	住宿费	400
往来单位类型	员工	出差补助	200
往来单位	张健	借款金额	4600

(2) 下推生成付款单如表11-13所示。

表11-13 付款单

单据类型	费用报销付款单	应付金额	4600
业务日期	2016/1/1	实付金额	4600
往来单位类型	员工	付款组织	蓝海柴油机本部
往来单位	张健	结算组织	蓝海柴油机本部
收款单位类型	员工	部门	本部财务部
收款单位	张健	结算方式	现金
币别	人民币	付款用途	费用借款

(3) 下推生成差旅费报销单如表11-14所示。

表11-14 差旅费报销单

申请日期	2016/1/1	币别	人民币
申请部门	本部财务部	费用项目	差旅费
申请人	张健	开始日期	2016-1-1
事由	项目支持	结束日期	2016-1-1
申请组织	蓝海柴油机本部	始发地、目的地	深圳-上海
费用承担组织	蓝海柴油机本部	机票	4400
费用承担部门	本部财务部	住宿费	400
往来单位类型	员工	出差补助	200
往来单位	张健	报销金额	5000

(4) 员工报销时，补差价400元，由差旅费报销单下推生成付款单如表11-15所示。

表11-15　付款单

单据类型	费用报销付款单	应付金额	400
业务日期	2016/1/1	实付金额	400
往来单位类型	员工	付款组织	蓝海柴油机本部
往来单位	张健	结算组织	蓝海柴油机本部
收款单位类型	员工	部门	本部财务部
收款单位	张健	结算方式	现金
币别	人民币	付款用途	费用借款

操作指导

1. 出差申请单新增

蓝海柴油机本部会计刘伟登录金蝶K/3 Cloud主界面，执行【财务会计】—【费用报销】—【费用申请】—【出差申请单】命令，单击【新增】按钮，勾选申请借款，录入出差申请单的实验数据，保存、提交并审核后如图11-22所示。

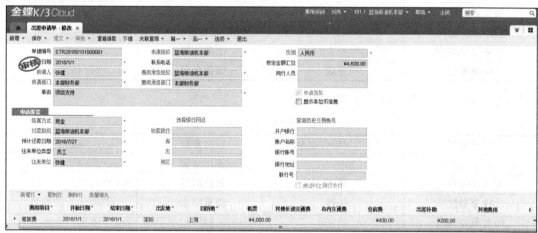

图11-22　出差申请单

2. 出差借款单审核并付款

蓝海柴油机本部出纳王静登录金蝶K/3 Cloud主界面，执行【财务会计】—【费用报销】—【费用申请】—【出差申请单列表】命令，选择上述张健的出差申请单，通过下推的方式生成付款单，付款单提交并审核后如图11-23所示。

图11-23　出差借款付款单

3. 出差费用报销

蓝海柴油机本部会计刘伟登录金蝶K/3 Cloud主界面，执行【财务会计】—【费用报销】—【费用申请】—【出差申请单列表】命令，选择上述张健的出差申请单，通过下推的方式生成差旅费报销单，参照出差报销单实验数据，更改机票费用，由4000元更改为4400元，勾选申请付款，付款信息中选择现金支付，保存、提交并审核后如图11-24所示。

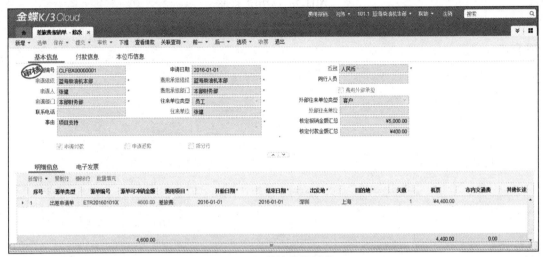

图11-24　差旅费报销单

4. 差旅费补差价

蓝海柴油机本部出纳王静登录金蝶K/3 Cloud主界面，执行【财务会计】—【费用报销】—【费用报销】—【差旅费报销单列表】命令，选择上述张健的差旅费报销单，通过下推的方式生成付款单，支付差价400元，付款单保存、提交并审核后如图11-25所示。

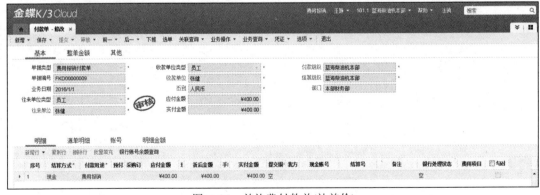

图11-25　差旅费付款单(补差价)

5. 费用汇总表

蓝海柴油机本部出纳王静登录金蝶K/3 Cloud主界面，执行【财务会计】—【费用报销】—【报表分析】—【费用汇总表】命令，查看和汇总最近的费用报销信息，如图11-26所示。

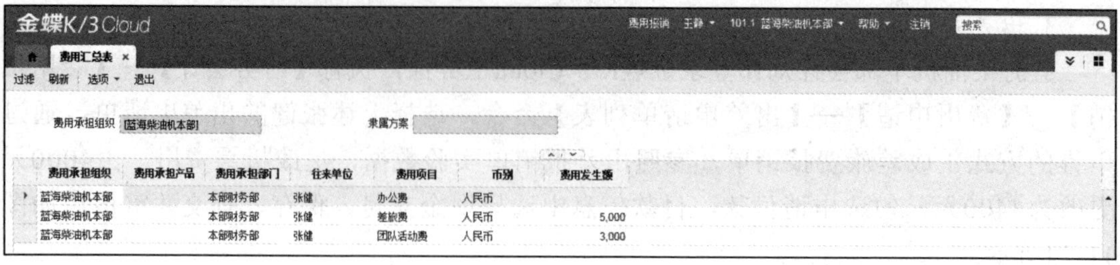

图11-26 费用汇总表

上述实验完成后，备份账套，备份文件名为“F蓝海机械总公司(智能会计平台前账套)”。

第 12 章　智能会计平台

12.1　系统概述

金蝶K/3 Cloud智能会计平台是自动生成凭证的工具,是业务数据与财务数据的对接平台,通过会计政策、会计核算体系的架构对业务进行财务监控、分类、记账。

智能会计平台能够按照不同的会计核算规则,在不同账簿中设置相应的凭证模板,并按照指定的核算规则自动完成多账簿的凭证生成工作。利用该功能,公司的对外法人账、税务账,还有高层关注的内部管理账就能够同步到位,避免大量的重复工作,也大大减少了手工录入凭证的工作量,降低出错率,能有效提高账务处理工作的质量和效率。

同时,金蝶K/3 Cloud智能会计平台建立起了业务单据与会计凭证、账簿、报表的对应关系,能够快捷而灵活地实现报表、账簿、凭证、业务单据的联查。

12.1.1　智能会计平台基本业务流程

利用智能会计平台,一个完整的凭证生成流程通常有如下几个环节。

设置分录类型→设置凭证模板→设置系统参数→生成凭证→凭证生成情况查询→
业务凭证查询、总账凭证查询

(1) 设置分录类型。分录类型是根据所发生的业务,对会计科目进行的抽象和概括。在设置分录类型的功能中,系统已经预置了日常经营活动常用的分录类型,用户可以根据企业的实际情况进行修改或细化。同时,用户也可根据科目影响因素的不同设置对应的会计科目。

(2) 设置凭证模板。凭证模板建立起单据与凭证间的关联关系。凭证模板包括通用模板与账簿模板。在生成凭证时,将优先调用账簿模板,再调用通用模板。

(3) 设置系统参数。用于设置凭证生成过程中的控制策略,包括在凭证生成时,借贷不平如何调整尾差;分录合并时,凭证摘要、凭证汇率的合并策略等。

(4) 生成凭证。在生成凭证时,系统自动收集未生成总账凭证的单据,自动读取凭模板并生成凭证，可支持多账簿同时生成凭证。

(5) 凭证生成情况查询。可查看业务单据是否生成凭证、对应的凭证号、未生成凭证原因等。

(6) 业务凭证查询。可查看生成的业务凭证；对于未生成总账凭证的业务凭证，可以手工修改科目、维度和摘要等。

(7) 总账凭证查询。可查看业务系统生成的总账凭证，对总账凭证进行修改、审核、过账等操作。

智能会计平台在金蝶K/3 Cloud系统中的主要操作流程，如图12-1所示。

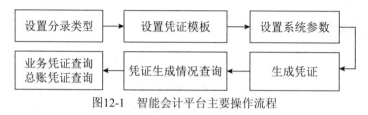

图12-1　智能会计平台主要操作流程

12.1.2　重点功能概述

智能会计平台是业务数据与财务数据的对接平台，其中提供了会计分录的分类设置、多账簿模式的凭证模板的设置、同步生成多账簿的凭证，也可以对凭证生成情况进行查询，并查询生成的业务凭证、总账凭证。

12.1.3　与其他系统的关系

智能会计平台和其他系统的关系如图12-2所示。

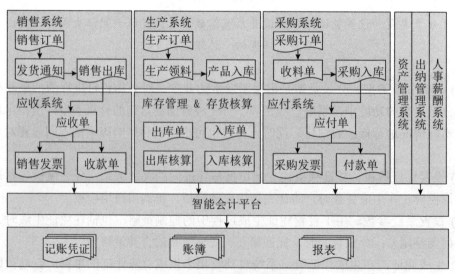

图12-2　智能会计系统关系图

12.2 实验练习

实验一 调整凭证模板并生成凭证

应用场景

财务人员最日常的财务处理即根据原始单据,按照会计法的要求制作会计凭证,并登记到相应的会计账簿中。随着会计法规的日益规范以及信息系统的进步,这些凭证编制工作都可以由系统自动生成。财务人员根据财务核算与财务管理的需要调整凭证生成模板,就可由系统快速生成记账凭证。

实验步骤

(1) 修改凭证模板。
(2) 设置系统参数。
(3) 生成凭证。
(4) 查询凭证生成情况。
(5) 查询业务凭证。
(6) 查询总账凭证。

操作部门及人员

由销售公司销售会计王艳负责修改凭证模板、生成凭证、查询凭证生成情况等。

实验前准备

将系统日期调整为2016-1-12。

恢复前述备份账套"F蓝海机械总公司(智能会计平台前账套).bak",将账套命名为"智能会计平台"。

实验数据

1. 系统参数

系统参数如表12-1所示。

表12-1 系统参数

参数名称	参数值
尾差允许范围	-1.0000 至 1.0000
尾差调整方式	调整至金额最大的分录行
凭证顺序生成方式	来源单据、单据编码
删除总账凭证时一起删除业务凭证	勾选
自动覆盖异常的业务凭证	勾选

(续表)

参数名称	参数值
总账凭证的分录行合并	勾选
摘要合并规则	显示固定摘要
固定摘要	摘要合并

注：其他参数采用系统默认值。

2. 基础资料

无。

3. 初始余额

无。

操作指导

1. 调整凭证模板

(1) 登录金蝶K/3 Cloud主页面

双击桌面上的【金蝶K/3 Cloud】快捷方式，打开K/3 Cloud登录页面。选择恢复的账套，然后进行登录。

当前账套：本案例选择"012智能会计平台"。

选择命名用户身份登录。

用户名：王艳。

密码：666666。

单击【登录】按钮，进入【K/3 Cloud系统-[主页面]】窗口。

(2) 清空汇兑税率的结算号

单击【所有功能】的图标，在弹出的功能菜单中，执行【全部】—【财务会计】—【智能会计平台】—【基础资料】—【凭证模板】命令，打开凭证模板的主界面。

执行【全部】—【出纳管理】—【应收票据结算单】命令，在右边的页面中先选择描述为"应收票据结算-凭证模板_收款组织"的行，双击打开。在【模板分录】页签部分，找到【分录类型】为"汇兑损益"一行，将【结算号】一列的"单据体_结算号"修改为空白，如图12-3所示。

单击【保存】按钮，系统将保存修改的内容。关闭【凭证模板-修改】页签，返回凭证模板界面。

在凭证模板界面，先选择描述为"应收票据结算-凭证模板_结算组织"一行，双击打开。在【模板分录】页签部分，找到【分录类型】为"汇兑损益"一行，将【结算号】一列的"单据体_结算号"修改为空白，如图12-4所示。

单击【保存】按钮，系统将保存修改的内容。关闭【凭证模板-修改】页签，返回凭证模板界面。

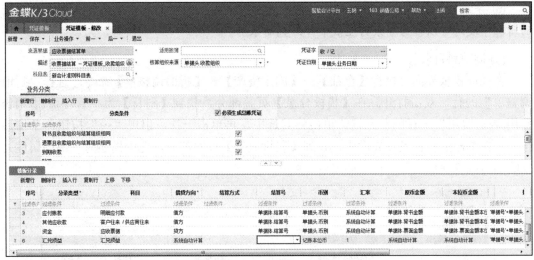

图12-3 修改结算号

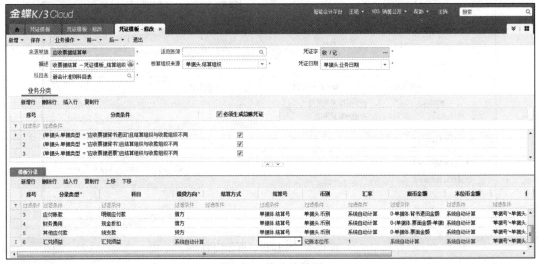

图12-4 修改结算号

注意：

① 适用账簿：是选择该凭证模板适用的账簿；若为空，则表示该凭证模板适用于所有账簿。

② 业务分类：凭证模板根据业务的不同可以设置多个业务分类。不同的业务分类可以设置不同的模板分录。单据生成凭证时，系统会自动判断满足哪个业务分类，从而生成对应的分录。对于不包括在业务分类条件内的业务单据，系统默认不需要生成凭证，凭证生成时会把这部分单据排除在外。

③ 分录类型与科目：在凭证模板上引用分录类型后，会将分录类型上的科目携带过来，用户可以进行修改；生成凭证时根据凭证模板取对应科目。

④ 摘要：可以取固定摘要也可以取组合摘要。组合摘要可以将固定文本与单据上的字段进行组合。

⑤ 分录行生成条件：是生成该行分录的前提条件，为空则表示无条件生成。单据上的所有字段均可以作为分录行生成条件的判断依据。

(3) 调整科目取值

在凭证模板界面，执行【全部】—【固定资产】—【折旧调整单】命令。选择"折旧调整单"的行，双击打开。在【模板分录】页签部分，找到【科目】为"管理费用/销售费用/制造费用"一行的单元格，单击将其选中。再单击一次，出现"…"按钮，单击该按钮，在弹出的科目设置界面中，找到【科目取值】页签部分，选中描述为"部门属性为采购部门或管理部门"一行，如图12-5所示。

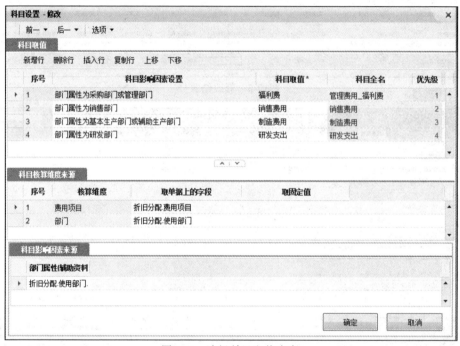

图12-5　选择科目取值内容

单击【科目取值】为"福利费"的单元格，再单击一次，出现放大镜图标时单击该图标，出现【科目列表】窗口。在该窗口中输入"名称"包含"办公费"的查询条件，单击【搜索】按钮，显示出该科目，如图12-6所示。

图12-6　选择科目

勾选该科目值，单击【返回数据】按钮，返回科目设置-修改界面，【科目取值】的值由"福利费"调整为"办公费"，如图12-7所示。

图12-7　调整科目取值

单击【确定】按钮，返回凭证模板-修改界面。可以看到在【模板分录】页签部分，【科目】一列的描述已经调整为"办公费/销售费用/制造费用"，如图12-8所示。

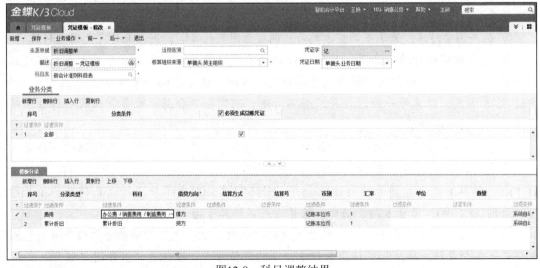

图12-8　科目调整结果

单击【保存】按钮，系统保存修改的内容，返回凭证模板界面。

2. 设置系统参数

单击【所有功能】图标，在弹出的功能菜单中，执行【全部】—【财务会计】—【智能会计平台】—【参数设置】—【智能会计平台参数】命令，打开智能会计平台参数设置界面。

参照表12-1实验数据的系统参数部分的内容，设置智能会计平台的参数，如图12-9所示。

图12-9　智能会计平台系统参数设置

注意：

① 尾差允许范围：控制业务单据生成凭证时尾差的允许范围。对于设定范围内的尾差，系统将自动进行调整。

② 尾差调整方式：控制业务单据生成凭证时尾差的调整方式；默认为"调整至金额最大的分录行"。

③ 尾差调整科目：若尾差调整方式为"调整至固定科目"，则在此处定义固定科目。

④ 总账凭证的分录行合并：此参数控制业务凭证的多条分录是否合并生成总账凭证的一条分录；勾选时则需判断科目、核算维度、币别、借贷方向、汇率类型、(汇率)、(摘要)、结算方式、结算号一致时合并，若不勾选，则完全不合并，业务凭证的一行分录对应总账凭证的一条分录。

⑤ 摘要不一致时合并生成：控制业务凭证的多条分录合并生成总账凭证的一条分录时是否要受摘要的限制。若勾选，则表示分录行满足科目、核算维度、币别、(汇率)、借贷方向、结算方式、结算号均一致能合并；若不勾选，则表示分录行满足科目、核算维度、币别、(汇率)、借贷方向、摘要、结算方式、结算号均一致才能合并。

⑥ 摘要合并规则：控制业务凭证生成总账凭证时，业务凭证的多条分录行合并成总账凭证的一条分录行，该总账凭证分录行中摘要的取值方式。默认为"显示固定摘要"。

⑦ 汇率不一致时合并生成凭证：控制业务凭证生成总账凭证时，业务凭证的多条分录行合并成总账凭证的一条分录行是否受汇率相同的限制。默认不勾选。

3. 生成凭证

单击【所有功能】图标,在弹出的功能菜单中,执行【全部】—【财务会计】—【智能会计平台】—【财务处理】—【凭证生成】命令,打开凭证生成的主界面。

在【选择账簿】页签,勾选"销售公司账簿"。在【选择单据】页签,勾选【来源单据*】前的选择框,选择所有的单据,如图12-10所示。

图12-10　选择账簿生成凭证

单击【生成凭证】按钮,系统开始生成凭证,如图12-11所示。

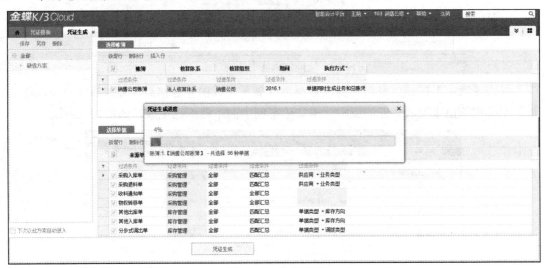

图12-11　生成凭证

注意:

① 执行方式:选择生成凭证的方式。系统既支持单据同时生成业务和总账凭证;也支持分步生成,即先由单据生成业务凭证,再由业务凭证生成总账凭证。

② 总账凭证生成方式:选择业务凭证生成总账凭证的方式,系统支持一对一、全部汇总和匹配汇总。一对一是指一张业务凭证生成一张总账凭证。全部汇总是多张业务凭证

汇总生成一张总账凭证。匹配汇总是满足匹配条件的多张业务凭证汇总生成一张总账凭证；满足匹配条件是指这些业务凭证对应的来源单据上的匹配字段值相同。

4. 查询凭证生成情况

单击【所有功能】图标，在弹出的功能菜单中，执行【全部】—【财务会计】—【智能会计平台】—【财务处理】—【凭证生成情况查询】命令，打开凭证生成情况查询的过滤条件界面。在界面中，设置【账簿】为"销售公司账簿"，【核算体系】为"法人核算体系"，【会计期间】为"2016.1"，【核算组织】为"销售公司"。并勾选【选中行】，选中所有来源系统的单据。去掉【仅显示必须生成凭证的单据】以及【仅显示未生成总账凭证的单据】的勾选项，如图12-12所示。

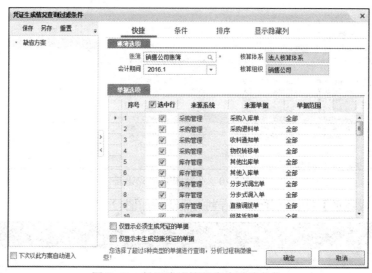

图12-12　凭证生成情况查询过滤条件

单击【确定】按钮，系统将提取数据，并显示生成的凭证信息。如果有没有生成的凭证，系统将给出未生成凭证的原因。本实验案例中的单据均已生成，如图12-13所示。

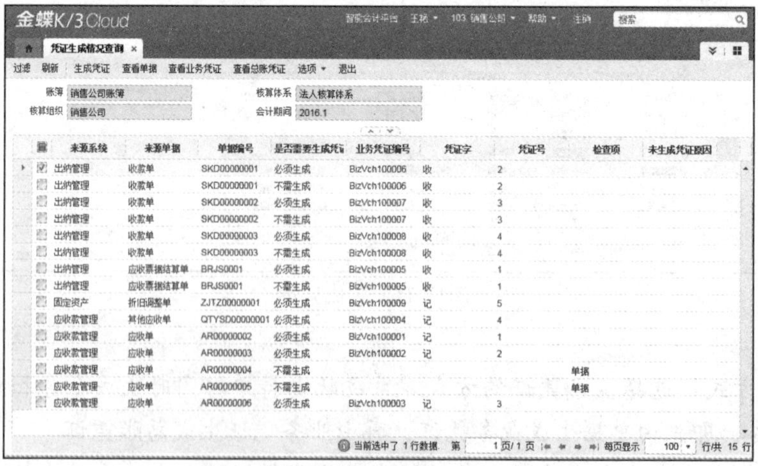

图12-13　凭证生成情况列表

5. 查询业务凭证

业务凭证是K/3 Cloud引入的新概念，由业务单据一对一生成业务凭证，再由业务凭证一对一或汇总生成总账凭证。业务凭证详细记录每一笔经济业务的会计信息，帮助企业更好地落实精细化管理。

勾选【来源系统】为"出纳管理"，【来源票据】为"应收票据结算单"，【是否需要生成凭证】为"必须生成"一行，选择菜单【查看业务凭证】。系统弹出业务凭证-查看界面，可查看生成的业务凭证，如图12-14所示。

图12-14　查询业务凭证

6. 查询总账凭证

选择来源单据为"应收票据结算单"，查询业务凭证。

在业务凭证-查看页面，单击【查看总账凭证】按钮，在新页签【凭证-查看】中，显示出与业务凭证对应的总账凭证，如图12-15所示。

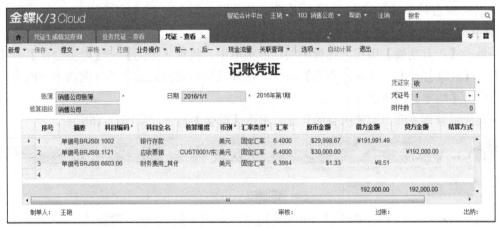

图12-15　查询总账凭证

实验二　期末处理

应用场景

在每个月末，财会人员都要进行期末处理，包括凭证审核、期末调汇、结转损益、期末结账等工作。

本小节实验与智能会计平台的内容关联不多,主要为总账部分的操作内容,故不会详细描述,可参考总账部分的内容进行练习操作。

实验步骤

(1) 凭证审核。

(2) 期末调汇。

(3) 结转损益。

操作部门及人员

在销售公司,销售会计王艳负责每月凭证的提交,销售出纳刘洋复核凭证,销售财务主管王磊审核凭证。

实验前准备

将系统时间调整为2016-1-25。

继续使用前述账套。

实验数据

无。

操作指导

1. 凭证审核

(1) 提交凭证

以销售会计王艳的身份登录K/3 Cloud系统主页面。用户名为"王艳",密码为"666666"。

单击【所有功能】图标,在弹出的功能菜单中,执行【全部】—【财务会计】—【总账】—【凭证管理】—【凭证查询】命令,打开凭证查询的过滤条件界面。不修改查询条件,单击【确定】按钮进入。

在凭证查询页面,勾选所有的凭证,单击【提交】按钮,如图12-16所示。

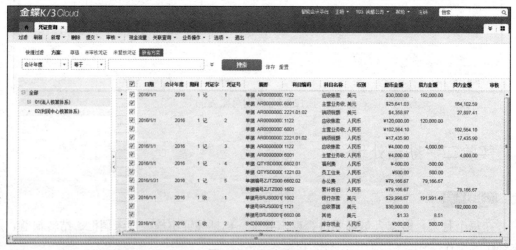

图12-16 提交凭证

系统弹出凭证提交处理的结果，所有凭证提交成功。

(2) 出纳复核

以销售出纳刘洋的身份登录K/3 Cloud系统主页面，用户名为"刘洋"，密码为"666666"。

单击【所有功能】图标，在弹出的功能菜单中，执行【全部】—【财务会计】—【总账】—【凭证管理】—【出纳复核】命令，打开出纳复核查询的过滤条件界面。不修改查询条件，单击【确定】按钮进入。

在出纳复核页面，出纳刘洋复核所有的凭证。当复核完成后，勾选所有的凭证，单击【出纳复核】按钮，如图12-17所示。

图12-17　出纳复核

系统弹出出纳复核的处理结果，所有凭证复核成功。

(3) 凭证审核

以销售财务主管王磊的身份登录K/3 Cloud系统主页面，用户名为"王磊"，默认密码为"888888"。在登录时，系统提示修改密码，可修改为"666666"。

单击【所有功能】图标，在弹出的功能菜单中，执行【全部】—【财务会计】—【总账】—【凭证管理】—【凭证审核】命令，打开凭证审核查询的过滤条件界面。不修改查询条件，单击【确定】按钮进入。

在凭证审核页面，财务主管王磊审核所有的凭证。当审核完成后，勾选所有的凭证，单击【审核】按钮，如图12-18所示。

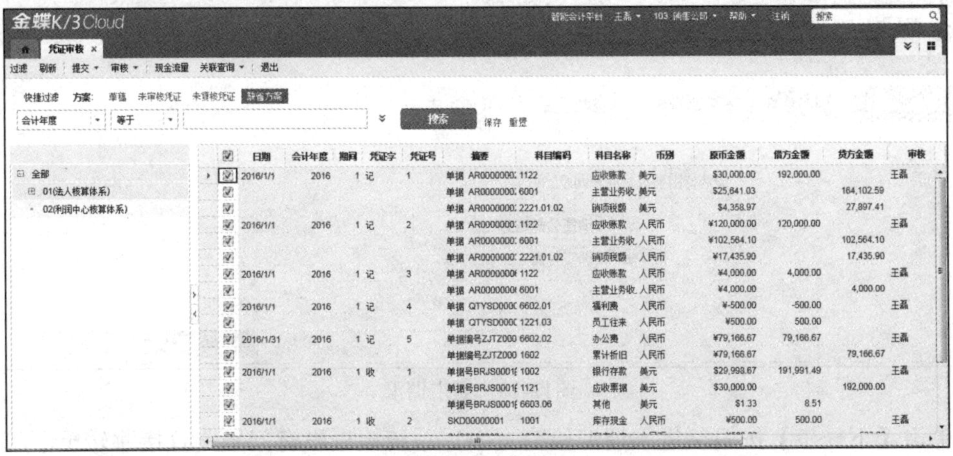

图12-18　凭证审核

系统弹出凭证审核的处理结果,所有凭证审核成功。

(4) 凭证过账

以销售会计王艳的身份登录K/3 Cloud系统主页面,用户名为"王艳",默认密码为"666666"。

单击【所有功能】图标,在弹出的功能菜单中,执行【全部】—【财务会计】—【总账】—【凭证管理】—【凭证过账】命令,打开凭证过账界面。勾选【账簿编码】前的勾选框,将需要过账的账簿都勾选上。单击【过账】按钮,系统将开始过账处理。过账之后,系统将显示操作成功的凭证数、发生错误的凭证数,如图12-19所示。

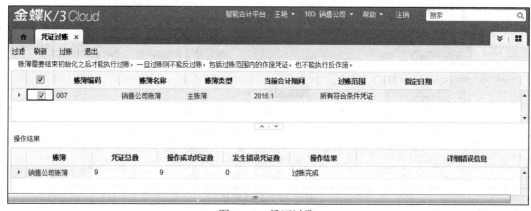

图12-19　凭证过账

2. 期末调汇

(1) 期末调汇

以销售会计王艳的身份登录K/3 Cloud系统主页面。用户名为"王艳",密码为"666666"。

单击【所有功能】图标,在弹出的功能菜单中,执行【全部】—【财务会计】—【总账】—【期末处理】—【期末调汇】命令,打开期末调汇的界面。系统显示【账簿】默认为"销售公司账簿",【核算组织】为"销售公司",如图12-20所示。

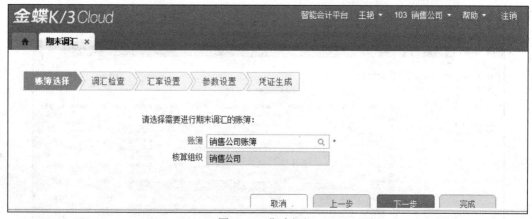

图12-20　期末调汇

单击【下一步】按钮,进入调汇检查页面。系统检查没有问题,直接跳转至汇率设置界面。该界面不用做任何调整。

单击【下一步】按钮,跳转至参数设置页面。将【汇兑损益科目】设置为"6603.03",如图12-21所示。

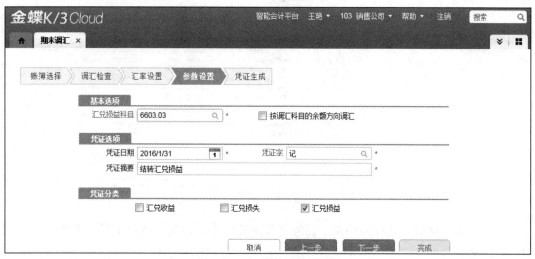

图12-21　汇兑损益科目设置

单击【下一步】按钮,跳转至【凭证生成】页面,系统显示以生成凭证,如图12-22所示。单击【完成】按钮,退出该页面。

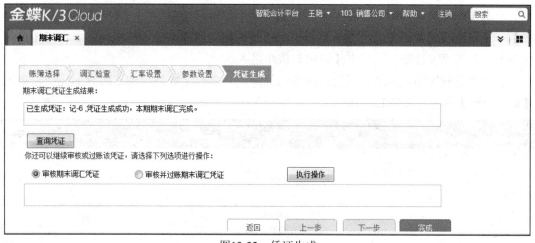

图12-22　凭证生成

(2) 提交凭证

以销售会计王艳的身份登录K/3 Cloud系统主页面。用户名为"王艳",密码为"666666"。

单击【所有功能】图标,在弹出的功能菜单中,执行【全部】—【财务会计】—【总账】—【凭证管理】—【凭证查询】命令,打开凭证查询的过滤条件界面。不修改查询条件,单击【确定】按钮进入。

在凭证查询页面,勾选所有的凭证,单击【提交】按钮,如图12-23所示。

188 | 金蝶K/3 Cloud财务管理系统实验教程

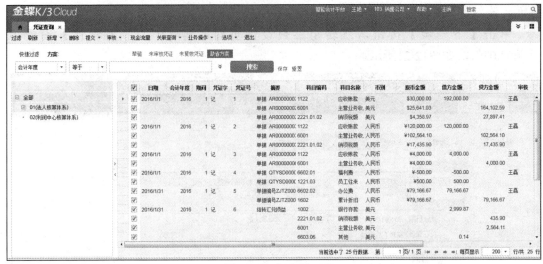

图12-23 提交凭证

系统弹出凭证提交处理的结果，已经审核的凭证不用提交，故显示提交失败。新生成的凭证提交成功。

(3) 出纳复核

以销售出纳刘洋的身份登录K/3 Cloud系统主页面，用户名为"刘洋"，密码为"666666"。

单击【所有功能】图标，在弹出的功能菜单中，执行【全部】—【财务会计】—【总账】—【凭证管理】—【出纳复核】命令，打开出纳复核查询的过滤条件界面，将【过账状态】修改为"未过账"，单击【确定】按钮进入。

在出纳复核页面，出纳刘洋复核所有的凭证。当复核完成后，勾选所有的凭证，单击【出纳复核】按钮，如图12-24所示。

图12-24 出纳复核

系统弹出【凭证-修改】的单据页面，单击【出纳复核】按钮，系统显示出纳复核的处理结果，所有凭证复核成功。

(4) 凭证审核

以销售财务主管王磊的身份登录K/3 Cloud系统主页面，用户名为"王磊"，默认密码为"666666"。

单击【所有功能】图标，在弹出的功能菜单中，执行【全部】—【财务会计】—【总账】—【凭证管理】—【凭证审核】命令，打开凭证审核查询的过滤条件界面，将【过账状态】修改为"未过账"，单击【确定】按钮进入。

在凭证审核页面，财务主管王磊审核所有的凭证。当审核完成后，勾选所有的凭证，单击【审核】按钮，如图12-25所示。

图12-25　凭证审核

在【审核状态】一列，显示为"已审核"，表示凭证审核成功。

(5) 凭证过账

以销售会计王艳的身份登录K/3 Cloud系统主页面，用户名为"王艳"，默认密码为"666666"。

单击【所有功能】图标，在弹出的功能菜单中，执行【全部】—【财务会计】—【总账】—【凭证管理】—【凭证过账】命令，打开凭证过账界面。勾选【账簿编码】前的勾选框，将需要过账的账簿都勾选上。单击【过账】按钮，系统将开始过账处理。过账之后，系统将显示操作成功的凭证数为"1"，如图12-26所示。

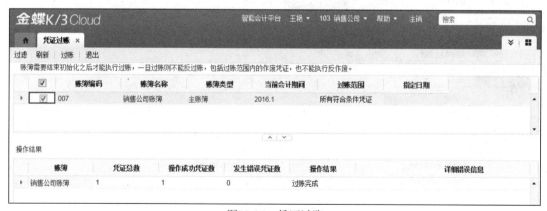

图12-26　凭证过账

3. 结转损益

(1) 结转损益

以销售会计王艳的身份登录K/3 Cloud系统主页面。用户名为"王艳"，密码为"666666"。

单击【所有功能】图标，在弹出的功能菜单中，执行【全部】—【财务会计】—【总账】—【期末处理】—【结转损益】命令，打开结转损益界面。系统显示【账簿】默认为"销售公司账簿"，【核算组织】为"销售公司"，如图12-27所示。

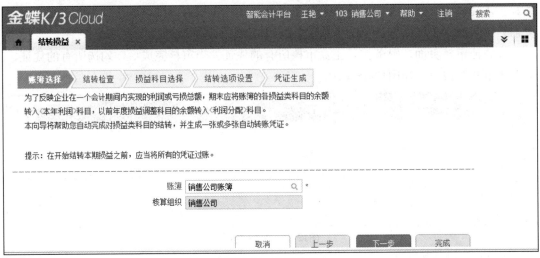

图12-27 结转损益

单击【下一步】按钮,进入结转检查页面。系统检查没有问题,直接跳转至结转科目选择界面。该界面不用做任何调整。

单击【下一步】按钮,跳转至结转选项设置页面,对照图12-28进行设置。

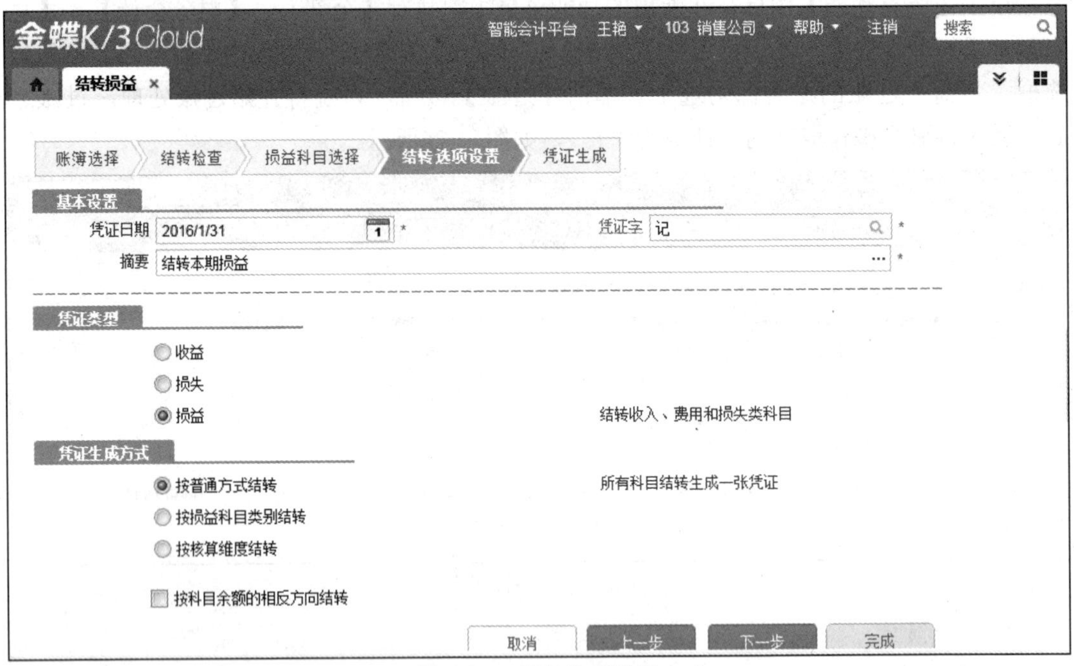

图12-28 结转选项设置

单击【下一步】按钮,跳转至凭证生成页面,系统显示以生成凭证,如图12-29所示。单击【完成】按钮,退出该页面。

图12-29 凭证生成

(2) 提交凭证

以销售会计王艳的身份登录K/3 Cloud系统主页面。用户名为"王艳",密码为"666666"。

单击【所有功能】图标,在弹出的功能菜单中,执行【全部】—【财务会计】—【总账】—【凭证管理】—【凭证查询】功能,打开凭证查询的过滤条件界面,将【过账状态】修改为"未过账",单击【确定】按钮进入。

在凭证查询页面,勾选所有的凭证,单击【提交】按钮,如图12-30所示。

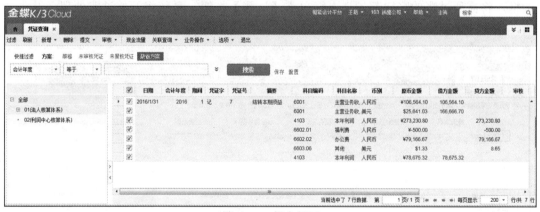

图12-30 提交凭证

系统显示新生成的凭证提交成功。

(3) 凭证审核

以销售财务主管王磊的身份登录K/3 Cloud系统主页面,用户名为"王磊",默认密码为"666666"。

单击【所有功能】图标,在弹出的功能菜单中,执行【全部】—【财务会计】—【总账】—【凭证管理】—【凭证审核】命令,打开凭证审核查询的过滤条件界面,将【过账状态】修改为"未过账",单击【确定】按钮进入。

在凭证审核页面,财务主管王磊审核所有的凭证。当审核完成后,勾选所有的凭证,单击【审核】按钮,如图12-31所示。

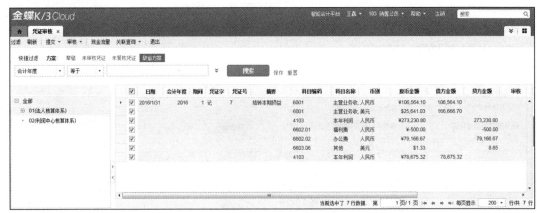

图12-31 凭证审核

在【审核状态】一列,显示为"已审核",表示凭证审核成功。

(4) 凭证过账

以销售会计王艳的身份登录K/3 Cloud系统主页面,用户名为"王艳",默认密码为"666666"。

单击【所有功能】图标,在弹出的功能菜单中,执行【全部】—【财务会计】—【总账】—【凭证管理】—【凭证过账】命令,打开凭证过账界面。勾选【账簿编码】前的勾选框,将需要过账的账簿都勾选上。单击【过账】按钮,系统将开始过账处理。过账之后,系统将显示操作成功的凭证数为"1",如图12-32所示。

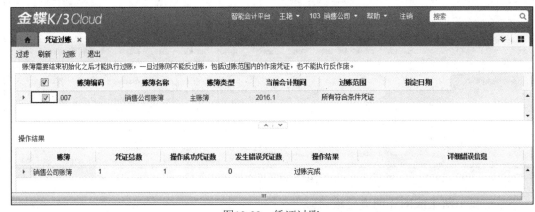

图12-32 凭证过账

上述实验做完后,备份账套,备份文件名为"F蓝海机械总公司(报表管理前账套)"。因后续还有业务需要处理,故不做期末结账。

第 13 章 报表系统

13.1 系统概述

报表系统主要满足企业财务及业务报表的编制和管理需求。报表系统通过驱动程序与其他数据源相接，与总账系统无缝集成，内置取数公式，保证报表数据的及时和准确；可便捷地从总账中提取各种数据来编制报表。除资产负债表、利润表等常用报表外，报表系统还可以按照用户的需求制作其他各类管理报表，可编制的报表类型包括固定样式报表和动态罗列报表。报表数据格式化存储，能够快速满足企业各种数据分析的需求。

13.1.1 报表系统主要业务流程

报表系统不涉及具体的业务功能，其主要数据来源是各个业务系统所产生的业务数据和财务数据。产生报表的基本流程如图13-1所示。

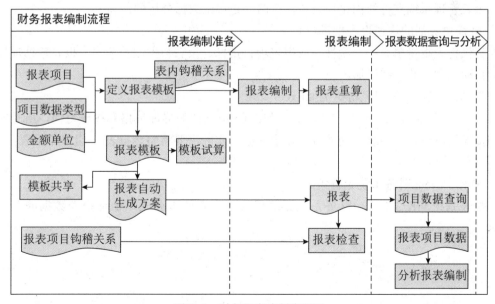

图13-1 财务报表编制流程图

13.1.2 重点功能概述

财务报表平台，基于类Excel报表编辑器，通过快速报表向导及灵活的取数公式，帮助用户快速、准确地编制企业对外财务报表以及各类财务管理报表。账务报表平台有着与Excel相似的界面风格和操作习惯，所见即所得的报表绘制过程，零学习成本；与总账系统无缝集成，内置取数公式，保证报表数据的及时和准确；报表数据格式化存储，可快速满足企业各种数据分析需求。具体功能点如下。

(1) 基础资料设置

报表基础资料设置主要包括建立报表项目和项目数据类型、定义报告维度、确定模板样式方案。报告维度用来定义和确认多维动态罗列表的多种维度资料，一般用于分析的报告维度有客户、供应商、部门、费用项目等。模板样式方案将报表模板内容(包括报表项目、数据类型、取数公式、报告维度等)抽象出来作为方案保存，可以重复利用，且修改方便。

(2) 报表模板定义

新建一个空白报表模板并打开，通过"批量填充向导"将模板样式方案填充至报表模板中，也可以使用系统预置模板快速完成报表模板的编制。

(3) 编制报表

根据报表模板，新建各期报表，从总账自动获取数据。

(4) 多组织报表管理

报表系统支持多组织报表管理，支持组织间报表模板的无障碍共享；多组织报表支持隔离独立编制、统一编制及系统自动生成等三种方式。

(5) 结构化报表数据存储

报表管理系统支持结构化报表数据存储，是多维数据分析的保障。

(6) 简单灵活的快速报表批量填充

提供报表批量填充，一次性完成报表项目指标、报表数据取数公式、报表数据项目公式的自动填列，并支持追加填充。

(7) 报表控件及编辑风格更类似Excel

基于先进的类Excel报表控件，具有与Excel更相似的界面风格和操作习惯，所见即所得的报表绘制过程。多表页功能可以使企业根据实际需要将整套报表(一组多个报表)定义和存放在一个报表中。

(8) K/3 Cloud财务系统无缝集成

报表系统与K/3 Cloud财务系统无缝集成，内置取数公式，保证报表数据的及时和准确。

13.2 实验练习

实验一　资产负债表

应用场景

通过编制企业的资产负债表,反映企业在特定阶段的资产、负债和所有者权益状况。

实验步骤

(1) 制作报表模板。
(2) 编制报表。

操作部门及人员

由信息管理员李伟进行报表模板的制作;由销售公司会计王艳进行报表的编制。

实验前准备

将系统日期调整为2016-1-1。
恢复备份账套"F蓝海机械总公司(报表管理前账套)"。

实验数据

新增报表项目,如表13-1所示。

表13-1　报表项目

编号	1000.01.01	1000.01.02
名称	库存现金	银行存款及其他
报表显示名称	库存现金	银行存款及其他
项目类别	新会计准则	新会计准则
父级项目	1000.01	1000.01
自定义属性	01资产	01资产
方向	借	借
取数来源	科目	科目
科目表	新会计准则科目表	新会计准则科目表
关系表达式	[1001]	[1002:1012]

新增报表模板,如表13-2所示。

表13-2　资产负债表

编号	名称	周期	核算体系	所属组织	样式类型
01	资产负债表	月报	法人核算体系	蓝海柴油机公司	固定样式

操作指导

1. 制作报表模板

(1) 基础资料设置

以李伟身份登录K/3 Cloud，执行【财务会计】—【报表】—【基础资料】—【报表项目】命令，进入报表项目界面，单击【新增】按钮，进入报表项目-新增界面，如图13-2所示。根据实验数据录入报表项目，其中，在录入科目表达式时，可以先选择科目，点击插入科目，若需运算再插入运算符进行运算，完成录入后，单击【保存】按钮。

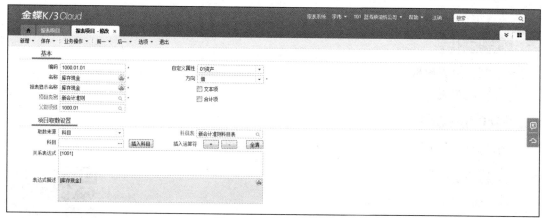

图13-2　新增报表项目

根据实验数据完成所有报表项目的新增，报表系统中还有【项目数据类型】【金额单位】等基础资料，系统预置了相对全面的基础资料，可以根据实际情况进行新增或修改，本案例均使用系统默认的基础资料。

(2) 新增报表模板

组织选择"蓝海柴油机公司"，执行【财务会计】—【报表】—【报表管理】—【报表模板】命令，进入报表模板界面，单击【新增】按钮，进入新增报表模板界面，根据实验数据录入模板信息，如图13-3所示，单击【确定】按钮完成。

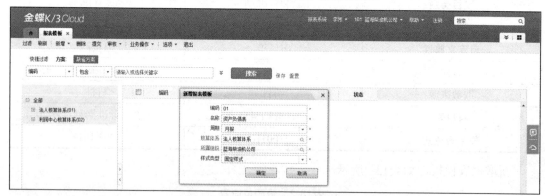

图13-3　新增资产负债表报表模板

(3) 编辑报表模板

双击刚才新增资产负债表的报表模板，进入报表编辑器选择界面，如图13-4所示。首次使用根据提示安装引导程序，后续使用选择【点击打开】，进入报表模板编辑器。

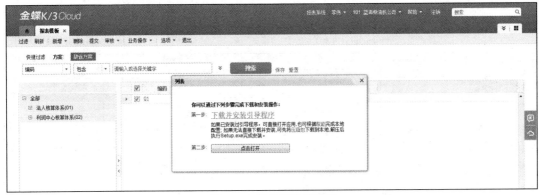

图13-4 报表编辑器选择

在报表编辑器左下方的页签处(Sheet1)，右键选择插入表页，弹出插入表页界面，在【固定样式】页签下，选择"资产负债表"，单击【确定】按钮，在单元格中会自动填充资产负债表的报表项目、项目数据类型、ITEM公式和取数公式，如图13-5所示。

图13-5 编辑资产负债表

注意：

系统自带资产负债表、现金流量表、所有者权益变动表以及利润表等固定样式的报表模板。在编辑报表模板的时候，可以根据实际情况在原有模板的基础上进行修改。

单击【开始】页签的【显示项目公式】和【显示取数公式】，查看各单元格的项目公式及取数公式，如图13-6所示。

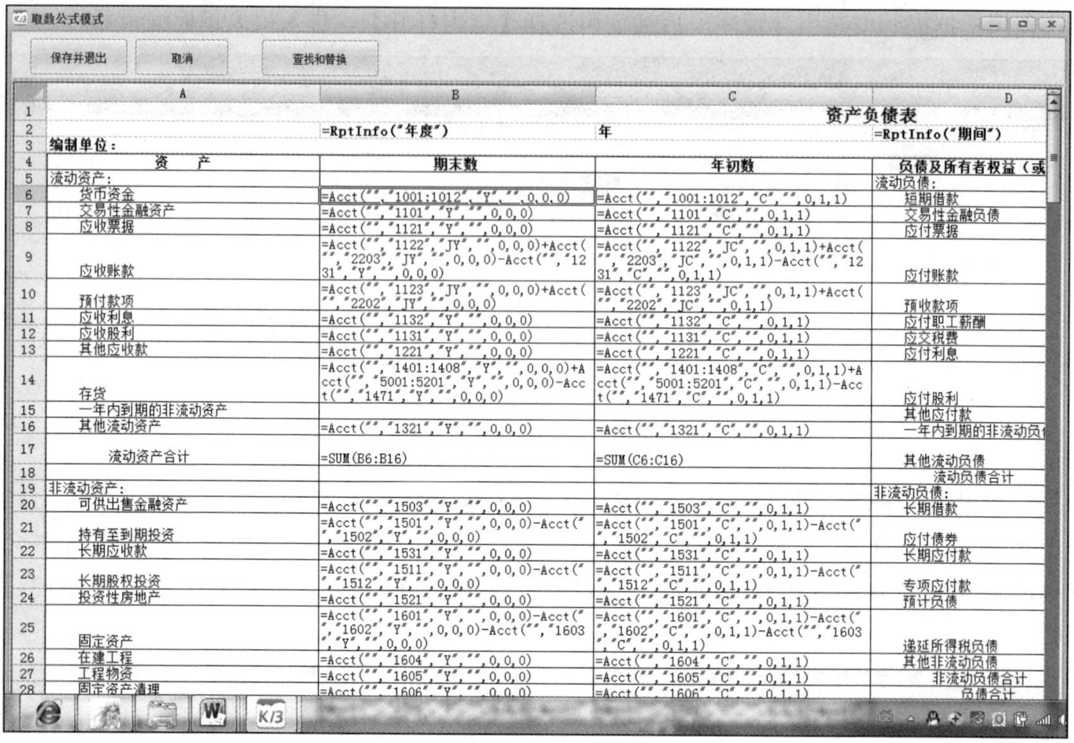

图13-6 显示取数公式

上图为显示取数公式界面，例如货币资金的取数公式是Acct("","1001:1012","Y","",0,0,0)，括号中各参数分别代表取数账簿、科目、取数类型、币别、年度、起始期间、结束期间。其中，年度是指账簿会计年度，可直接录入，如2003，若不选则系统默认为账簿当前年。若写入数值，表示的意义如下：0——账簿当前年，-1——账簿前一年，-2——账簿前两年，依此类推。起始、结束的期间是指会计期间，可直接录入<起始期间>和<结束期间>，若不选则系统默认为账簿当前期。若写入数值，表示的意义如下：0——账簿当前期，-1——账簿上一期，-2——账簿上两期，依此类推。

报表重算时，根据取数公式获取数据。

各参数取值顺序为：

① 如果公式中各参数有值，则优先取公式中设置的值，如"账簿"先按取数参数中设置的账簿，为空时按第二优先级取参数。

② 取【公式取数参数】中设置的账簿、币别、年度、期间，公式取数参数界面见图13-7。

③ 若公式中参数为空，且【公式取数参数】未设置，各参数取报表属性，如当前组织为蓝海机械总公司，则账簿取对应的主账簿，币别取主账簿对应的币别，年度和期间取当前年度期间。

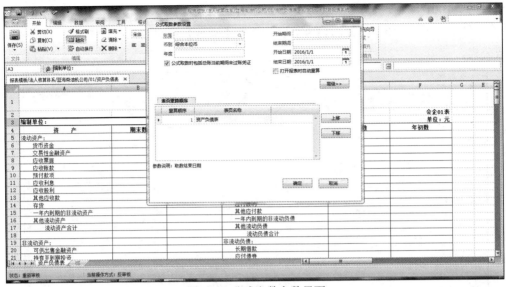

图13-7 公式取数参数界面

用户可以在【显示取数公式】中修改取数公式，也可打开"Fx"修改取数公式。选中报表单元格，Fx区域会显示该单元格的取数公式，如图13-8所示。单击【Fx】按钮可以打开报表函数界面，可在此修改单元格取数公式。功能类似于Excel中的Fx公式，打开每个公式会显示功能介绍及参数说明。

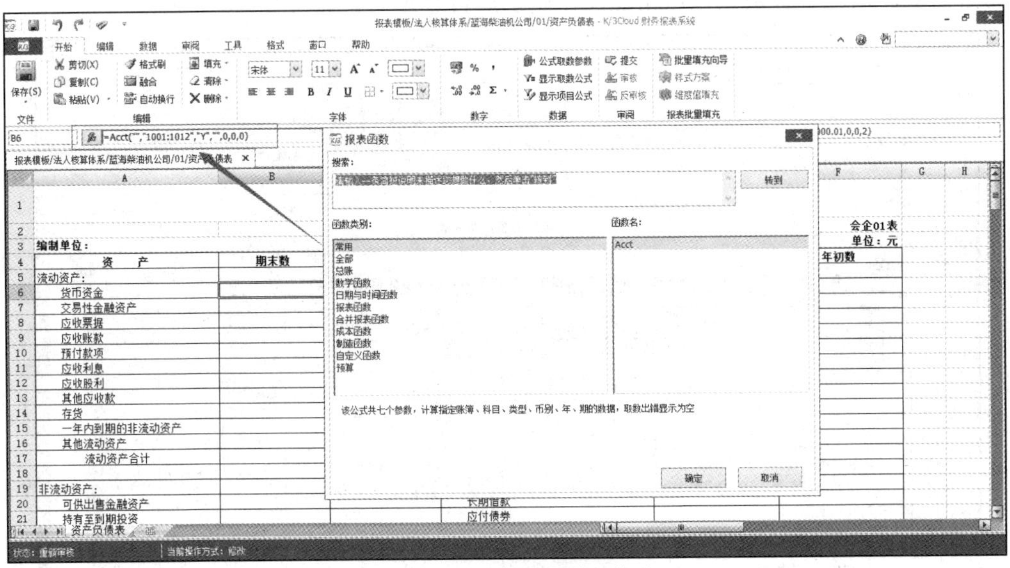

图13-8 Acct公式查看及修改

例如，若我们需要将"货币资金"以"库存现金"加上"银行存款及其他"的方式来替换显示，则可以利用报表函数的功能来分别获得"货币资金"以及"库存现金及其他"的期末数与年初数的取数公式，下面以获取"库存现金"期末数的取数公式为例进行讲解。

先选中需要显示该期末数的单元格，进入报表函数界面，在报表函数界面中，选择函数类别为"总账"，函数名为"Acct"，单击【确定】按钮，进入报表函数参数界面，选择科目为"1001(库存现金)",取数类型为"Y(期末余额)",年度为"0",开始期间为"0",结束期间为"0",如图13-9所示。单击【确定】按钮则在所选中的单元格中返回取数公式。

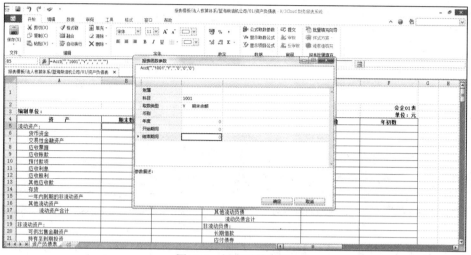

图13-9 报表函数参数

在报表客户端单击【显示项目公式】按钮,查看各单元格的项目公式,如图13-10所示。例如,Item(1000.01,0,0,2)括号中逗号分开的参数分别代表项目编码、年度、期间、项目数据类型,报表中各数据以Item公式存储于后台数据库,方便引用。

图13-10 显示项目公式界面

用户可以在【显示项目公式】中修改项目公式，也可打开单元格项目公式来修改公式。选中报表单元格，单元格项目公式区域会显示该单元格的项目公式，如图13-11所示。单击""图标可以打开单元格项目公式界面，可在此修改单元格项目公式。

若"货币资金"以"库存现金"加上"银行存款及其他"的方式来替换显示，则需分别在"库存现金"以及"银行存款及其他"的期末数和年初数的单元格上设置对应的单元格项目公式，下面以设置"库存现金"期末数的项目公式为例进行讲解。

选择"库存现金"期末数的单元格，单击""图标进入单元格项目公式界面，输入项目编码"1000.01.01"，项目数据类型为期末数，年度和期间都为"0"，单击【确定】按钮，则在所选的单元格返回项目公式。

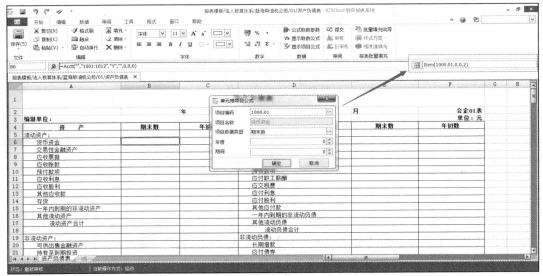

图13-11　单元格项目公式

在报表编辑器中可以根据实际需要编辑各取数公式，本案例中无需修改，使用系统默认的报表模板即可，编辑完成后，单击【保存】按钮，并关闭报表编制平台。

返回K/3 Cloud界面，勾选刚才完成编辑并保存好的报表模板，提交审核，执行【业务操作】—【共享】命令，进入请选择共享组织界面，核算体系选择"法人核算体系"，勾选变电器公司以及销售公司，如图13-12所示。单击【确定】按钮，并对共享后新增的两个法人组织报表模板进行提交审核，完成三个法人组织报表模板的编辑。

图13-12　选择共享组织

2. 编制报表

(1) 新增报表

以王艳身份登录K/3 Cloud，执行【财务会计】—【报表】—【报表管理】—【报表】命令，进入报表界面。单击【新增】按钮，进入新增报表界面，在报表模板中选择刚才新增的报表模板"01"，报表日期选择"2016/1/31"，年度选择"2016"，期间选择"1"，币别选择"人民币"，金额单位选择"元"，如图13-13所示，单击【确定】按钮完成新增。

图13-13 新增资产负债表

(2) 报表重算

双击刚才新增的报表，进入报表编辑器选择界面，选择【点击打开】，进入报表编辑器。单击【开始】页签下的【公式取数参数】，设置取数账簿为"销售公司账簿"。

在【数据】页签下，选择【重算报表】，如图13-14所示。保存重算后的报表，回到K/3 Cloud界面，提交审核重算后的报表，完成报表编制。

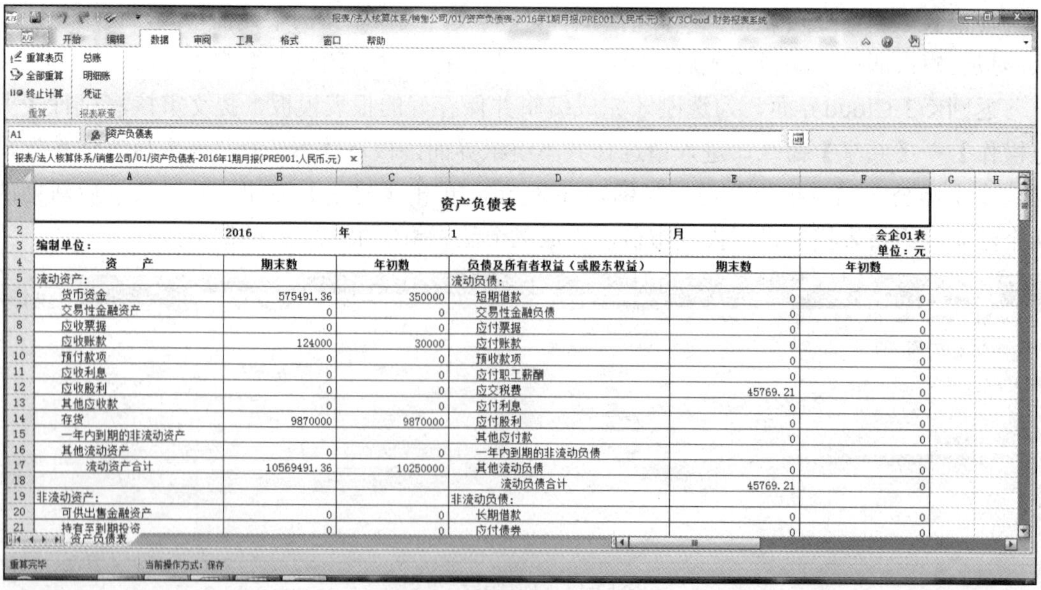

图13-14 资产负债表

实验二 利润表

应用场景

通过编制企业的利润表，反映企业一定阶段的经营成果。

实验步骤

(1) 制作报表模板。
(2) 编制报表。

操作部门及人员

由信息管理员李伟进行报表模板的制作；由销售公司会计王艳进行报表的编制。

实验前准备

接实验一继续练习。

实验数据

新建报表模板如表13-3所示。

表13-3 利润表

编号	名称	周期	核算体系	所属组织	样式类型
02	利润表	月报	法人核算体系	蓝海柴油机公司	固定样式

操作指导

1. 制作报表模板

(1) 新增报表模板

组织选择"蓝海柴油机公司"，执行【财务会计】—【报表】—【报表管理】—【报表模板】命令，进入报表模板界面。单击【新增】按钮，进入新增报表模板界面，根据实验数据录入模板信息，如图13-15所示，单击【确定】按钮。

图13-15 利润表报表模板

(2) 编辑报表模板

双击刚才新增利润表的报表模板，选择【点击打开】，进入报表模板编辑器。

在报表编辑器左下方的页签处(Sheet1)，右键选择插入表页，弹出插入表页界面，在【固定样式】页签下，选择"利润表"，单击【确定】按钮，在单元格中会自动填充利润表的报表项目、项目数据类型、item公式和取数公式，如图13-16所示。

图13-16 编辑利润表

在报表编辑器中可以根据实际需要编辑各取数公式，本案例中无需修改，使用系统默认的报表模板即可，编辑完成后，单击【保存】按钮保存。

返回K/3 Cloud界面，勾选刚才完成编辑并保存好的报表模板，提交审核，执行【业务操作】—【共享】命令，进入请选择共享组织界面。核算体系选择"法人核算体系"，勾选变电器公司以及销售公司，如图13-17所示。单击【确定】按钮，并对共享后新增的两个法人组织报表模板进行提交审核，完成三个法人组织报表模板的编辑。

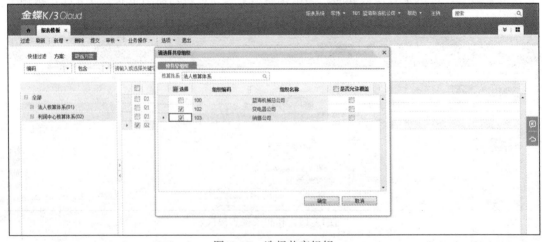

图13-17 选择共享组织

2. 编制报表

(1) 新增报表

以王艳身份登录K/3 Cloud，执行【财务会计】—【报表】—【报表管理】—【报表】命令，进入报表界面。单击【新增】按钮，进入新增报表界面，在报表模板中选择刚才新增的报表模板"02"，报表日期选择"2016/1/31"，年度选择"2016"，期间选择"1"，币别选择"人民币"，金额单位选择"元"，如图13-18所示，单击【确定】按钮完成设置。

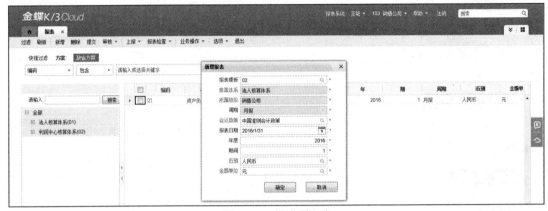

图13-18　新增利润表

(2) 报表重算

双击刚才新增的报表，进入报表编辑器选择界面，选择【点击打开】，进入报表编辑器。单击【开始】页签下的【公式取数参数】，设置取数账簿为"销售公司账簿"。在【数据】页签下，选择【重算报表】，如图13-19所示，保存重算后的报表，回到K/3 Cloud界面，提交审核重算后的报表，完成报表编制。

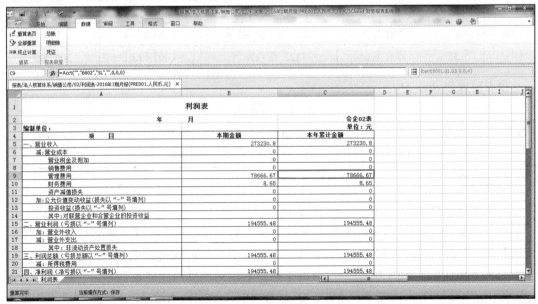

图13-19　利润表

实验三　现金流量表

应用场景

通过编制企业的利润表，反映企业现金流入与流出的信息、现金流量表取数与凭证中的现金流量，因此需要先对凭证进行现金流量的确认。

实验步骤

(1) 录入现金流量。
(2) 制作报表模板。
(3) 编制报表。

操作部门及人员

由销售公司会计王艳进行现金流量的录入；由信息管理员李伟进行报表模板的制作；由销售公司会计王艳进行报表的编制。

实验前准备

接实验二继续练习。

实验数据

录入现金流量如表13-4所示。

表13-4　现金流量

凭证字	凭证号	科目名称	对方科目	主表/附表项目	本位币
收	1	银行存款	1121_应收票据	CI01.01.01	192 000
			6603.06_其他	CI05.01.09	8.51
收	2	库存现金	1221.01_客户往来	CI01.01.01	500
收	3	库存现金	1122_应收账款	CI01.01.01	300 000

报表模板如表13-5所示。

表13-5　利润表

编号	名称	周期	核算体系	所属组织	样式类型
03	现金流量表	月报	法人核算体系	蓝海柴油机公司	固定样式

操作指导

1. 录入现金流量

以王艳身份登录K/3 Cloud，执行【财务会计】—【总账】—【凭证管理】—【凭证查询】命令，进入凭证查询过滤界面，输入过滤条件，选择账簿，选择"销售公司"，会计年度为"2016"，期间为"1"，单击【确定】按钮，进入凭证查询界面。选择有现金流入流出的凭证，双击该凭证，进入凭证-修改界面，如图13-20所示。

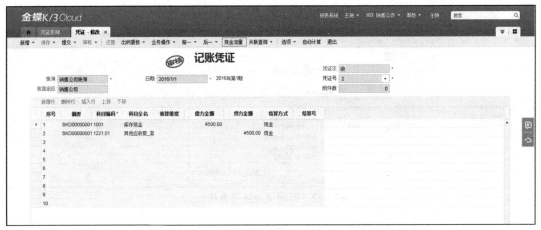

图13-20　凭证界面

单击【现金流量】按钮,进入现金流量项目指定界面,单击【自动指定】按钮,根据实验数据录入主表或附表项目,如图13-21所示。完成录入后单击【确定】按钮。所有涉及现金流量的凭证都需进行现金流量的录入。

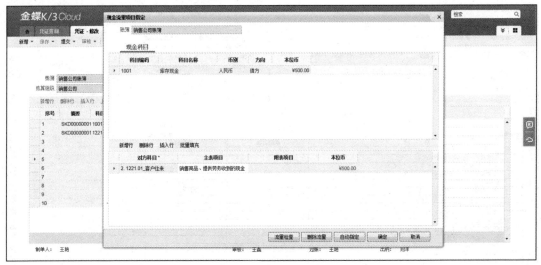

图13-21　现金流量指定

根据实验数据完成凭证"收-1"以及凭证"收-3"的现金流量录入。其中,凭证"收-1"在录入现金流量项目指定的时候,需要在【损益科目】页签下录入附表项目。

2. 制作报表模板

(1) 新增报表模板

以李伟身份登录K/3 Cloud,组织选择"蓝海柴油机公司",执行【财务会计】—【报表】—【报表管理】—【报表模板】命令,进入报表模板界面,单击【新增】按钮,进入新增报表模板界面,根据实验数据录入模板信息,如图13-22所示,单击【确定】按钮完成。

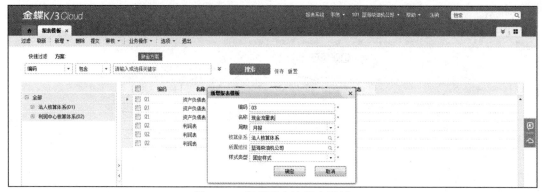

图13-22 新增现金流量表模板

(2) 编辑报表模板

双击刚才新增利润表的报表模板,选择【点击打开】,进入报表模板编辑器。

在报表编辑器左下方的页签处(Sheet1),右键选择插入表页,弹出插入表页界面,在【固定样式】页签下,选择"现金流量表",单击【确定】按钮,在单元格中会自动填充现金流量表的报表项目、项目数据类型、Item公式和取数公式,如图13-23所示。

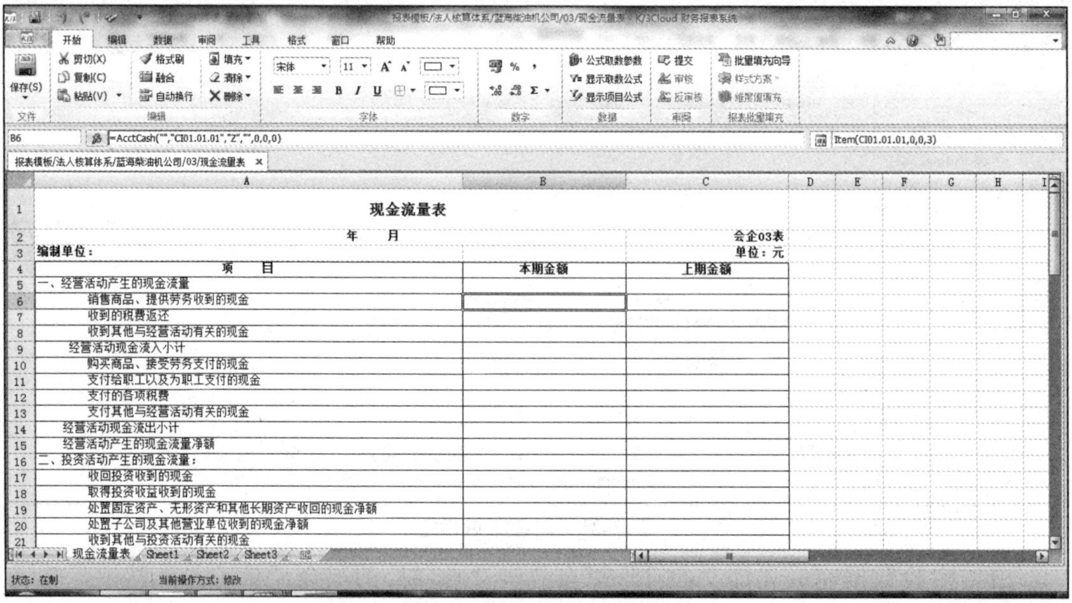

图13-23 编辑现金流量表

在报表编辑器中可以根据实际需要编辑各取数公式,本案例中无需修改,使用系统默认的报表模板即可,编辑完成后,单击【保存】按钮保存。

返回K/3 Cloud界面,勾选刚才完成编辑并保存好的报表模板,提交审核,执行【业务操作】—【共享】命令,进入请选择共享组织界面,核算体系选择"法人核算体系",勾选变电器公司以及销售公司,如图13-24所示,单击【确定】按钮,并对共享后新增的两个法人组织报表模板进行提交审核,完成三个法人组织报表模板的编辑。

图13-24 选择共享组织

3. 编制报表

(1) 新增报表

以王艳身份登录K/3 Cloud主界面,执行【财务会计】—【报表】—【报表管理】—【报表】命令,进入报表界面。单击【新增】按钮,进入新增报表界面,在报表模板中选择刚才新增的报表模板"03",报表日期选择"2016/1/31",年度选择"2016",期间选择"1",币别选择"人民币",金额单位选择"元",如图13-25所示,单击【确定】按钮完成。

图13-25 新增现金流量表

(2) 报表重算

双击刚才新增的报表,进入报表编辑器选择界面,选择【点击打开】,进入报表编辑器。选择【开始】页签下的【公式取数参数】,设置取数账簿为"销售公司账簿"。

在【数据】页签下,选择【重算报表】,如图13-26所示,保存重算后的报表,回到K/3 Cloud界面,提交审核重算后的报表,完成报表编制。

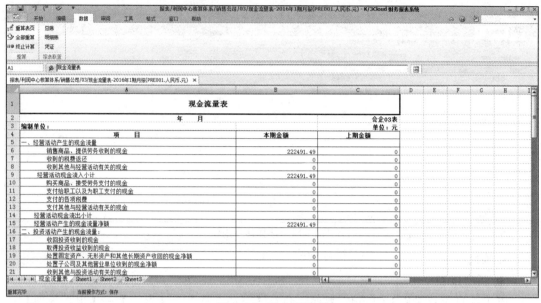

图13-26 现金流量表

第 14 章 合并报表

14.1 系统概述

合并报表系统,是基于会计核算体系,帮助集团企业构建并规范对外合并财务报告和对内管理报告体系的系统,可以简单、快速地完成各子公司个别报表数的采集和调整、内部会计事项的自动抵消、多汇报口径合并报表的并行出具。合并报表系统能够全面满足企业法人组织架构、责任中心考核架构等多种维度、多种合并方式的报表合并要求,及时、真实、准确地反映集团整体的运营状况。

14.1.1 合并报表基本业务流程

合并报表以母公司及其子公司组成会计主体,以控股公司和其子公司单独编制的个别财务报表为基础,由控股公司编制的反映抵消集团内部往来账项后的集团合并财务状况和经营成果的财务报表。合并报表包括合并资产负债表、合并损益表、合并现金流量表或合并财务状况变动表等。编制流程如图14-1所示。

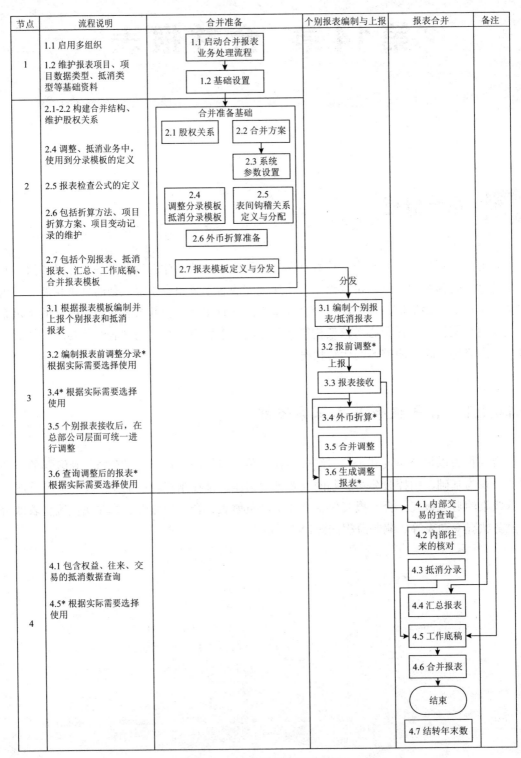

图14-1 合并报表业务流程图

14.1.2 重点功能概述

合并报表系统包括基础资料、参数设置、合并准备、折算准备、报表模板、内部事项、合并控制、查询分析等功能,主要特性如下。

(1) 多报表角度,多合并结构

基于企业不同的报告目的,建立多套并行的报表合并结构,满足企业内外报表合并需求。通过合并层次的确定,灵活地实现平行合并和逐层合并。

(2) 多种权益核算方法

支持两种权益核算方法:统一在控股公司核算/逐层核算;不同的合并方案结构,可使用不同的权益核算方法。

(3) 多会计准则的合并处理

完全开放的报表合并平台,支持多会计准则下合并报表的并行出具,多会计准则报表项目管理,多样式报表模板管理,多准则调整、抵消分录管理等。

(4) 多调整业务、多调整时机、多调整途径

在调整业务上,支持成本法转权益法的权益调整、非同一控制下公允价值的调整等各类调整业务。

在调整时机上,支持上报前下级控股公司自行调整以及上报后由集团统一调整。

在调整途径上,支持外币折算的调整、分录调整(自动批量/手工)、调整报表中的手工调整。

(5) 复杂股权关系,自动计算

在采用"统一在控股公司"权益核算方法下,直接持股、间接持股、交叉持股,系统自动计算控股公司与被投资公司的持股比例。

(6) 向导式的合并控制管理

在合并控制中,一个管理界面,通过自上而下的流程向导式菜单,帮助报表编制人员清晰地完成个别报表的收集、调整,权益、往来、交易等内部会计事项的核对与抵消,汇总、合并报表的编制。

(7) 内部会计事项自动抵消

预置新会计准则(权益法)权益、往来、交易抵消分录模板。集团根据收集的内部会计事项明细(即抵消表数据),进行内部往来、交易、权益的自动核对与抵消。系统在抵消业务处理中,根据各抵消类型业务的特征进行规则性提炼和易用性功能的提供,在保证抵消处理可自定义扩展的前提下,最大程度降低抵消业务的复杂度,提升抵消过程的透明度。

(8) 多报表样式的支持

支持对外固定样式财务报表的编制,也支持对内管理的多维动态罗列表的编制,方便集团企业将内部动态罗列管理报表进行汇总分析。

(9) 全方位的钩稽检查

提供表内和基于报表项目的钩稽检查,全面保证报表数据的合规性和正确性。

(10) 合并构成分析

支持追溯查询合并数的构成，清晰显示合并数来自于哪些组织的个别数和抵消数，其中每个个别数是经过几笔调整、几笔抵消而来；每笔调整的调整额是多少，每笔调整的手段是什么；是通过调整分录进行的调整，还是手工在调整报表上直接进行的调整，严谨地跟踪了每个合并数的编制痕迹和数据来源。

14.2 实验练习

实验一 合并报表编制

应用场景

拥有多家分子公司的集团企业，需要以整个集团的名义出具合并财务报表。总部合并报表会计设置合并方案并编制报表模板后分发到其他公司，各分子公司编制报表并上报至集团，集团将各报表进行调整和抵消后，出具合并报表。

实验步骤

(1) 合并准备。
(2) 编制报表模板。
(3) 编制报表。
(4) 调整与抵消。
(5) 合并报表编制与查询。

操作部门及人员

蓝海机械总公司财务会计李娜编制报表模板并分发到分子公司和合并范围使用；蓝海柴油机公司会计张敏、变电器公司会计李敏、销售公司会计王艳编制各子公司的个别报表、抵消报表并进行上报，蓝海机械总公司财务会计李娜进行报表的接收；编制各合并范围的工作底稿和合并报表，并进行报表数据查询。

实验前准备

恢复备份的账套"F蓝海机械总公司(合并报表前账套)"。

实验数据

1. 合并准备
(1) 股权关系
投资公司为蓝海机械总公司，被投资关系如表14-1所示。

表14-1 被投资关系

被投资公司	生效日期	持股比例
蓝海柴油机公司	2015/12/1	100%
变电器公司	2015/12/1	100%
销售公司	2015/12/1	100%

(2) 合并方案

选择合并方案信息如表14-2、14-3所示。

表14-2 合并方案基本信息

编码	001	核算体系	法人核算体系
名称	选定合并	会计政策	中国准则会计政策
权益核算	统一在控股公司进行核算	生效日期	2015/12/1

表14-3 合并范围

公司编码	公司名称	受否控股公司
100	蓝海机械总公司	是
101	蓝海柴油机公司	否
102	变电器公司	否
103	销售公司	否

2. 编制报表模板

(1) 个别报表模板

新建个别报表模板，模板信息如表14-4所示。

表14-4 个别报表模板

编码	名称	周期	保存样式
001	主表	月报	固定样式

(2) 抵消报表模板

新建应收账款和应付账款的往来抵消模板样式方案，往来抵消(应收)方案信息如表14-5所示。

表14-5 模板样式方案1

项目名称	项目信息
报表类型	抵消表
抵消类型	往来类
方案名称	往来抵消(应收)
样式类型	动态罗列报表
取数类型	期末数
报表项目	1000.04 应收账款
取数公式中的取数类型	期末余额

往来抵消(应付)方案信息如表14-6所示。

表14-6 模板样式方案2

项目名称	项目信息
报表类型	抵消表
抵消类型	往来类
方案名称	往来抵消(应付)
样式类型	动态罗列报表
取数类型	期末数
报表项目	3000.04 应付账款
取数公式中的取数类型	期末余额

新建抵消报表模板如表14-7所示。

表14-7 抵消报表模板

名称	周期
往来抵消	月报

(3) 工作底稿模板

新建工作底稿模板，模板信息如表14-8所示。

表14-8 工作底稿模板

名称	类型	周期	样式类型
工作底稿	工作底稿	月报	固定样式

(4) 合并报表模板

新建合并报表模板如表14-9所示。

表14-9 合并报表模板

名称	类型	周期	样式类型
合并报表	工作底稿	月报	固定样式

3. 编制报表

(1) 报表期间

设置报表期间如表14-10所示。

表14-10 指定模板信息

合并方案	报表日期	报表周期
选定合并	2016/1/31	月报

(2) 持股比例

在持股比例中指定调整分录模板和抵消分录模板，如表14-11所示。

表14-11 指定模板信息

模板编码	模板名称	模板类型
0001	母公司长期股权投资与子公司所有者权益抵消(同一控制)	抵消
0003	母公司投资收益与子公司本年利润分配项目抵消	抵消
201	成本法调整为权益法	调整

(3) 个别报表

分别新建蓝海机械总公司、蓝海柴油机公司、变电器公司、销售公司的个别报表，报表信息如表14-12所示。

表14-12 个别报表新增

报表模板	报表日期	币别	金额单位
001	2016/1/31	人民币	元

(4) 抵消报表

分别新建蓝海机械总公司、蓝海柴油机公司、变电器公司、销售公司的抵消报表，报表信息如表14-13所示。

表14-13 抵消报表新增

报表模板	报表日期	币别	金额单位
DX00001	2016/1/31	人民币	元

在蓝海机械总公司的抵消报表中，手工录入数据如表14-14所示。

表14-14 蓝海机械总公司抵消报表数据

关联公司	应收账款(期末数)	关联公司	应付账款(期末数)
蓝海柴油机公司	0	蓝海柴油机公司	0
变电器公司	0	变电器公司	0
销售公司	16 809 000	销售公司	0
合计	16 809 000	合计	0

在蓝海柴油机公司的抵消报表中，手工录入数据如表14-15所示。

表14-15 蓝海柴油机公司抵消报表数据

关联公司	应收账款(期末数)	关联公司	应付账款(期末数)
蓝海机械总公司	0	蓝海机械总公司	0
变电器公司	7 795 670	变电器公司	3 217 500
销售公司	0	销售公司	0
合计	7 795 670	合计	3 217 500

在变电器公司的抵消报表中，手工录入数据如表14-16所示。

表14-16 变电器公司抵消报表数据

关联公司	应收账款(期末数)	关联公司	应付账款(期末数)
蓝海机械总公司	0	蓝海机械总公司	0
蓝海柴油机公司	3 217 500	蓝海柴油机公司	7 795 670
销售公司	0	销售公司	0
合计	3 217 500	合计	7 795 670

在销售公司的抵消报表中，手工录入数据如表14-17所示。

表14-17 销售公司抵消报表数据

关联公司	应收账款(期末数)	关联公司	应付账款(期末数)
蓝海机械总公司	0	蓝海机械总公司	16 809 000
蓝海柴油机公司	0	蓝海柴油机公司	0
变电器公司	0	变电器公司	0
合计	0	合计	16 809 000

4. 调整与抵消

(1) 进行内部往来查询与核对，并生成抵消分录。

(2) 自动生成调整分录。

5. 合并报表的编制与查询

(1) 编制工作底稿

新建工作底稿，报表信息如表14-18所示。

表14-18 工作底稿新增

报表模板	报表日期	币别	金额单位
HB00001	2016/1/31	人民币	元

(2) 编制合并报表

新建合并报表，报表信息如表14-19所示。

表14-19 合并报表新增

报表模板	报表日期	币别	金额单位
HB00002	2016/1/31	人民币	元

(3) 查询分析

查询合并构成分析，过滤条件如表14-20所示。

表14-20 过滤条件

过滤条件	条件值
合并方案	选定合并
合并范围	蓝海机械总公司(合并范围)
报表周期	月报
会计年度、会计期间	2016.1—2016.1
币别	人民币
数据类型	期末数
数据来源	合并数

操作指导

1. 合并准备

拥有多家分子公司的集团企业，需要以整个集团的名义出具合并财务报表。集团(子集团)在编制合并财务报表之前，需要确定合并范围，以明确哪些分子公司需纳入合并范围以及合并结构。系统还提供对股权关系及其变化的维护，在【股权关系】中记录集团内各公司间的股权关系。理清企业集团内部股权关系是确定合并报表范围的基础，也是合并报表进行权益抵消的一个基础工作。

(1) 股权关系

蓝海机械总公司会计李娜登录金蝶K/3 Cloud主界面，执行【财务会计】—【合并报表】—【合并准备】—【股权关系】命令，单击菜单栏上【新增】按钮，根据实验数据新增股权关系后进行保存，如图14-2所示。

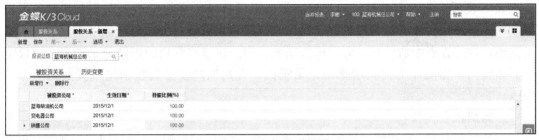

图14-2　股权关系新增

注意：

变更股权关系时，在【被投资关系】页签中直接新增行、删除行以及更新"生效日期"和"持股比例"，变更记录会自动记录到【历史变更】页签中。

(2) 合并方案

执行【财务会计】—【合并报表】—【合并准备】—【合并方案】命令，查看系统中预制的合并方案，如图14-3所示。

图14-3　合并方案

注意：

① 表体为左树右列表结构，左边树型结构为合并范围，单击【新增范围】按钮，可以设置合并范围的编码、名称以及上级范围。

② 在表体右侧可以添加需要纳入合并范围下的分公司。当权益核算选择"统一在控制公司进行核算"，当前合并方案下的每个合并范围必须存在一个控股公司。

③ 根据需要可以建立多层合并范围，各合并范围之间存在上下级关系，本实验以一层合并范围为例。

④ 合并方案启用后，方可用于建立合并报表。

(3) 调整分录模板

合并报表在编制流程中需要对个别报表进行一些事项的调整，以保证合并数据的一致性和合并结果的正确性。系统中已经预置部分调整分录模板，实验中无需修改，在后续功能中直接引用。

(4) 抵消分录模板

合并报表在编制流程中一个重要的环节就是编制抵消分录，将内部事项对合并财务报表有关项目的影响进行抵消处理。编制抵消分录，进行抵消处理是合并财务报表编制的关键和主要内容，其目的在于将个别财务报表各项目的加总金额中重复的因素予以抵消。合并报表中通过抵消分录模板功能，用户可以将常用的抵消分录预置在模板中供后续使用。本实验无需新增抵消分录模板，在后续功能中直接引用预置的抵消分录模板。

2. 编制报表模板

合并报表系统由集团统一编制报表模板，并分发给下属成员公司使用，保证所有报表模板的统一性，方便集团汇总数据。报表模板编制包含个别报表模板、抵消报表模板、工作底稿模板和合并报表模板的编制。

报表编制的整体流程为：定义模板样式方案—编制报表模板—编制报表。为简化流程，方便用户使用，系统中预置了常用的资产负债表、现金流量表、利润表和所有者权益变动表，用户可省去定义模板样式方案的步骤，直接在报表模板中选择【插入表页】以使用系统预置的模板，也可根据企业实际需要编制自定义的模板样式方案和模板。

(1) 个别报表模板

执行【财务会计】—【合并报表】—【报表模板】—【个别报表模板】命令，根据案例信息新增个别报表模板并保存，如图14-4所示。保存成功后单击菜单栏上【编辑模板】按钮，打开报表客户端对模板进行编辑。

图14-4 新增个别报表模板

本实验直接引用系统预置的个别报表模板，在报表客户端左下角"Sheet1"上单击右键，选择【插入表页】，如图14-5所示。

在弹出的"插入表页"对话框中，选择【固定样式】页签下的"资产负债表"，单击【确定】按钮，如图14-6所示。

成功插入资产负债表，如图14-7所示，单击菜单栏上的【保存】按钮，系统会提示"编码为[001]的个别报表模板，保存成功"。

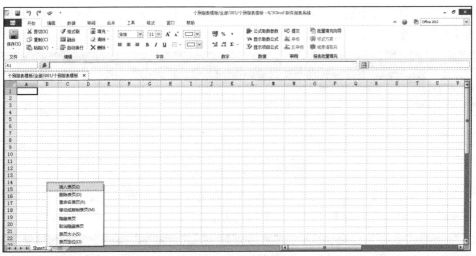

图14-5 插入表页

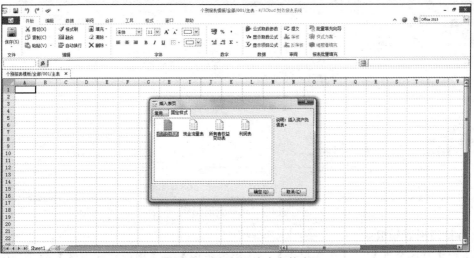

图14-6 选择插入资产负债表

图14-7 成功插入资产负债表

返回Web界面，对个别报表模板进行提交、审核，选择个别报表模板后，单击列表工具栏的【分发】按钮，如图14-8所示。

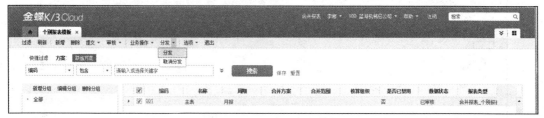

图14-8 分发个别报表模板

单击【选择组织】按钮，将模板分发到"选定合并"下所有的组织，单击【返回数据】按钮后，再单击【分发】按钮，如图14-9所示。

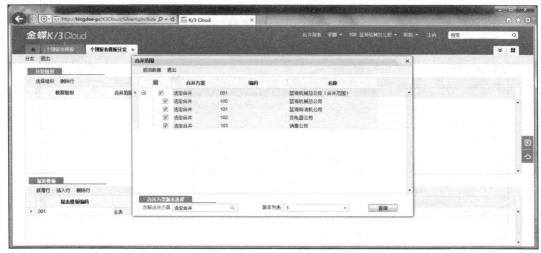

图14-9 选择分发组织

(2) 抵消报表模板

执行【财务会计】—【合并报表】—【报表模板】—【模板样式方案】命令，根据案例资料新增抵消报表模板样式方案——"往来抵消(应收)"，如图14-10所示。

图14-10 新增抵消报表模板样式方案

在模板样式方案的取数页签中录入取数类型为"期末余额"后，保存抵消表模板样式方案，如图14-11所示。

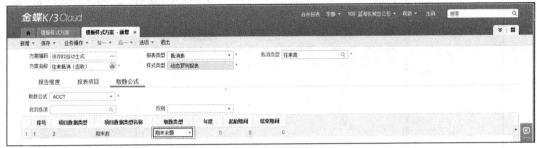

图14-11　"往来抵消(应收)"方案

按同样步骤继续新增抵消报表的模板样式方案2——"往来抵消(应付)"，如图14-12所示。

图14-12　"往来抵消(应付)"方案

执行【财务会计】—【合并报表】—【报表模板】—【抵消报表模板】命令，根据实验数据新增抵消报表模板，如图14-13所示。

图14-13　抵消报表模板新增

保存后，单击菜单栏上的【编辑模板】按钮，打开报表客户端，单击【开始】页签的【批量填充向导】按钮，打开【模板填充向导】对话框，选择"往来抵消(应收)"的模板样式方案，如图14-14所示。

在下面几行，继续使用【批量填充向导】将"往来抵消(应付)"也填充到报表模板，如图14-15所示。

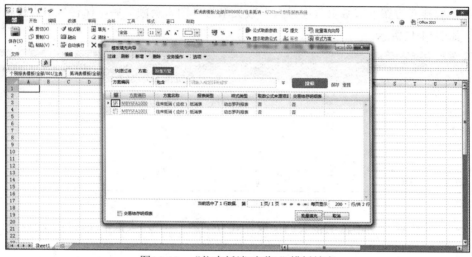

图14-14 "往来抵消(应收)"模板填充

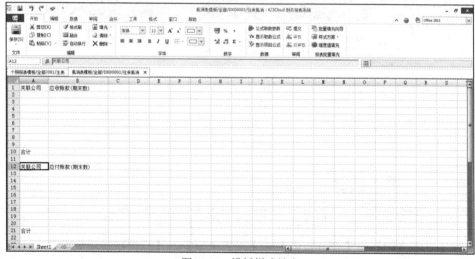

图14-15 模板样式填充

保存报表模板并关闭,返回Web界面。对模板进行提交、审核,分发到"选定合并"方案下所有的核算组织,如图14-16所示。

图14-16 抵消报表模板分发

(3) 工作底稿模板

执行【财务会计】—【合并报表】—【报表模板】—【合并报表模板】命令，根据实验资料新增工作底稿报表模板，如图14-17所示。

图14-17　新增工作底稿模板

保存后，单击【编辑模板】按钮打开报表编辑器，在Sheet1位置点击右键选择【插入表页】，然后选择"工作底稿(资产负债表)"，如图14-18所示。

图14-18　插入"工作底稿(资产负债表)"

成功插入"工作底稿(资产负债表)"表页后，单击菜单栏上【保存】按钮，如图14-19所示。

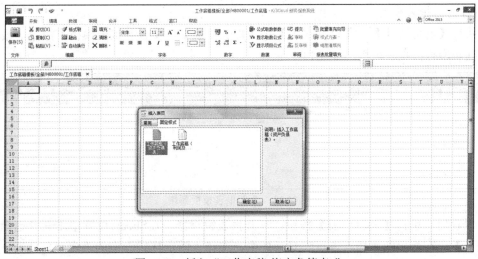

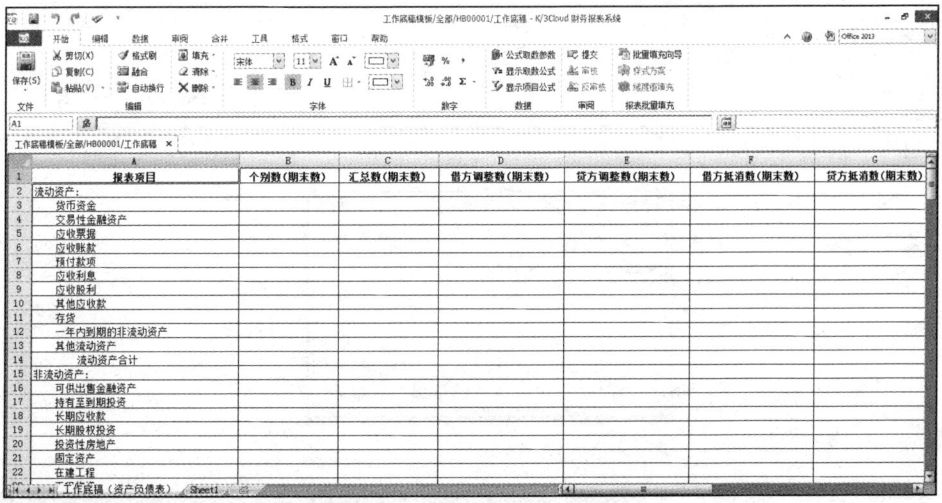

图14-19　工作底稿(资产负债表)

返回Web界面，对工作底稿模板进行提交、审核，并分发到"选定合并"方案的合并范围，如图14-20所示。

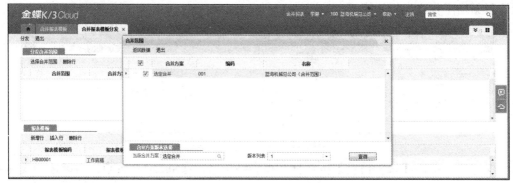

图14-20　工作底稿模板分发

(4) 合并报表模板

执行【财务会计】—【合并报表】—【报表模板】—【合并报表模板】命令，根据实验数据新增合并报表模板，如图14-21所示。

图14-21　合并报表模板新增

保存后，单击【编辑模板】按钮，打开报表编辑器，在Sheet1位置单击右键选择【插入表页】，在弹出的"插入表页"对话框中，选择"固定样式"中的"资产负债表"，如图14-22所示。

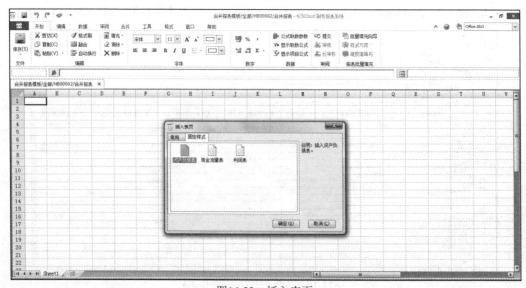

图14-22　插入表页

合并报表模板中成功插入资产负债表后,单击菜单栏上【保存】按钮,如图14-23所示。

图14-23 插入资产负债表

回到Web界面,对合并报表模板进行提交、审核,并分发到"选定合并"方案的合并范围,如图14-24所示。

图14-24 合并报表模板分发

注意:

① 用户可在【模板样式方案】中自定义各类报表模板的报表项目、项目数据类型、取数公式等信息,也可直接引用系统预置的报表模板并进行修改满足使用。

② 报表模板保存后需要提交、审核,并分发到各核算组织或合并范围方可使用。

③ 编制工作底稿、汇总报表、合并报表模板,均在【合并报表模板】菜单下,注意将"类型"字段选择正确。

3. 编制报表

K/3 Cloud合并报表系统采用向导式的合并控制管理，一个管理界面，可以清晰完成一期合并报表的编制。在合并控制中，通过自上而下的流程向导式菜单，帮助报表会计清晰地完成个别报表的收集、调整，权益、往来、交易等内部会计事项的核对与抵消，汇总、合并报表的编制。

(1) 设置报表期间

执行【财务会计】—【合并报表】—【合并控制】—【合并控制】命令，进入合并控制时，单击【切换】按钮，选择需要编制报表的合并方案、报表日期、报表周期、年份、当前期间，如图14-25所示。

图14-25 设置报表期间

(2) 持股比例

在合并控制左边树结构上【持股比例】中，自动显示股权关系中设置的持股比例情况。选中每条记录，单击【业务操作】—【指定】按钮，为持股比例指定调整分录模板和抵消分录模板，如图14-26所示。

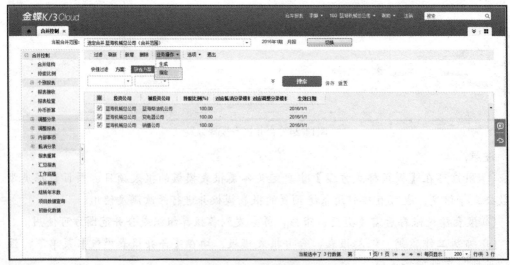

图14-26 指定模板

根据案例资料,指定的抵消分录模板为0001和0003,指定的调整分录模板为201,如图14-27所示。单击【确定】按钮,完成抵消分录模板和调整分录模板的指定,后续操作中可以使用指定的分录模板,自动生成权益类调整分录和权益类抵消分录。

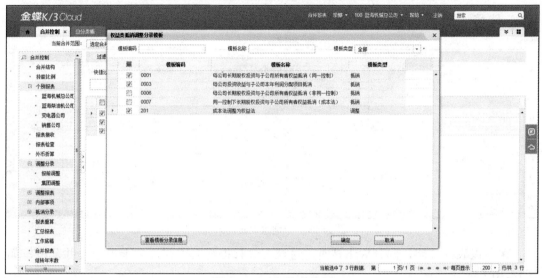

图14-27　选择指定模板

(3) 个别报表

在【合并控制】中左边树结构的【个别报表】,选择蓝海机械总公司,使用设置的个别报表模板,新增2016年1期的主表,如图14-28所示。

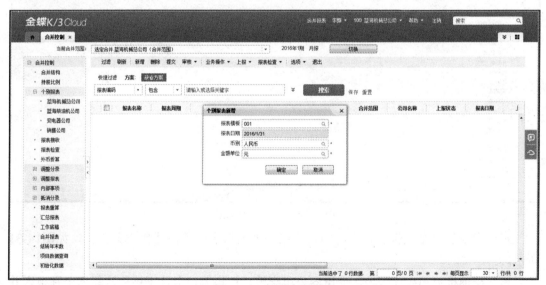

图14-28　新增个别报表

单击【确定】按钮后返回列表界面,双击打开报表客户端,执行【数据】—【重算表页】命令,获取总账数据,返回报表中,如图14-29所示。

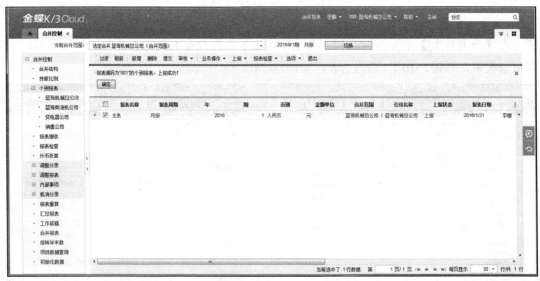

图14-29　个别报表重算表页

保存报表并关闭，回到Web界面，对报表进行提交、审核，并上报至合并范围，如图14-30所示。

图14-30　个别报表上报

报表上报后，会在报表接收界面显示已上报的报表，单击【接收】按钮，如图14-31所示。

蓝海柴油机公司会计张敏、变电器公司李敏、销售公司会计王艳依次新增个别报表并进行上报，蓝海机械总公司会计李娜进行接收，如图14-32所示。

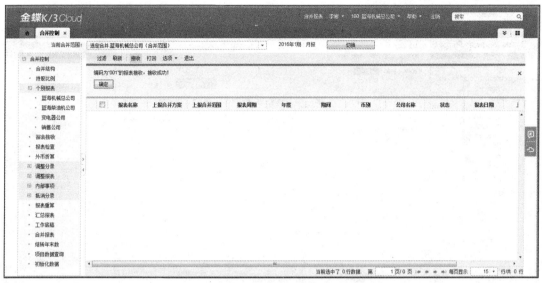

图14-31 个别报表接收

图14-32 各子公司个别报表接收

(4) 抵消报表

选择【合并控制】—【个别报表】中的蓝海机械总公司，选择往来抵消报表模板来新增报表，如图14-33所示。

单击【确定】按钮后返回列表界面，双击往来抵消报表打开报表客户端。单击【开始】页签的【维度值填充】按钮，打开【选择关联公司】对话框，自动列示关联公司，全选后单击【确定】按钮，如图14-34所示。

图14-33　新增往来抵消报表

图14-34　选择往来公司

在【数据】页签中的【重算表页】获取总账中数据。为操作简便，实验中在销售公司所在行手工录入实验数据"1 680 900"，并重算表页，自动获取【合计】值，如图14-35所示，完成报表的保存、提交、审核及上报。

蓝海柴油机公司会计张敏、变电器公司李敏、销售公司会计王艳依次新增抵消报表并进行保存、提交、审核、上报，蓝海机械总公司会计李娜进行接收，如图14-36所示。

图14-35 抵消报表重算表页

图14-36 接收抵消报表

4.调整与抵消

合并报表是在母公司和需纳入合并范围的子公司的个别资产负债表基础上，统一会计政策，再抵消个别资产负债表所包括的企业集团内部子公司之间的影响企业集团资金总额计量的往来事项编制的。

(1) 自动抵消

执行【财务会计】—【合并报表】—【合并控制】—【内部事项】菜单下的【内部事项查询】—【往来类】命令，查看录入的抵消报表数据，如图14-37所示。

执行【内部事项】菜单下的【内部事项核对】—【往来类】命令，单击列表工具栏中【业务操作】—【核对】按钮，选择公司组合，如图14-38所示。

单击【确定】按钮，系统生成核对记录，对核对记录进行提交、审核，如图14-39所示。

图14-37 内部往来查询

图14-38 内部往来核对

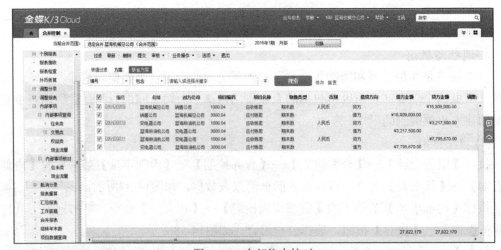

图14-39 内部往来核对

单击【业务操作】—【自动生成抵消分录】按钮，系统会根据双方的往来记录自动产生抵消分录，如图14-40所示。

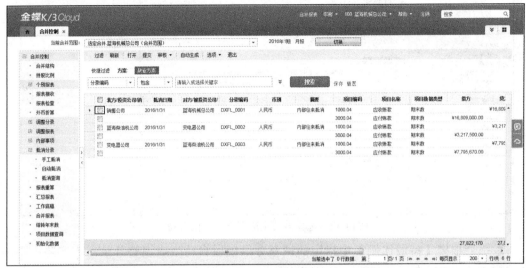

图14-40　内部抵消分录

执行【合并控制】—【抵消分录】—【自动抵消】命令后，可以查看自动生成的抵消分录。对抵消分录进行提交、审核，如图14-41所示，审核后的抵消分录会参与后续的工作底稿计算。

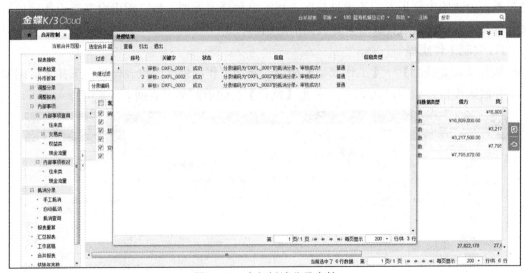

图14-41　内部抵消分录审核

(2) 自动生成调整分录

执行【合并控制】—【调整分录】—【集团调整】命令后，单击列表工具栏中【批量生成】—【生成权益类调整分录】按钮，打开【生成权益调整分录】对话框，选择需要生成调整分录的公司，单击【执行】按钮，如图14-42所示。

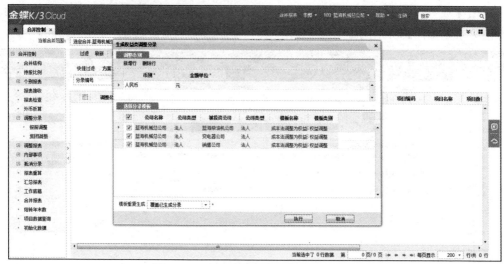

图14-42 选择需要生成调整分录的公司

系统会根据【持股比例】中指定的调整分录模板自动生成调整分录,本实验中不涉及调整分录,如果在日常合并报表编制过程中生成了调整分录,还需要对调整分录进行提交、审核操作。

5.编制合并报表及查询

合并工作底稿是为合并报表编制提供基础。在合并工作底稿中,对纳入合并范围的母公司和子公司的个别报表的各项目数据进行汇总和抵消处理,最终得出合并报表各项目的合并数,合并报表是进行最终合并数据的展示。

(1)编制工作底稿

执行【合并控制】—【工作底稿】命令,新增工作底稿,"报表模板"选择之前编制的工作底稿模板,如图14-43所示,单击【确定】按钮返回列表界面。

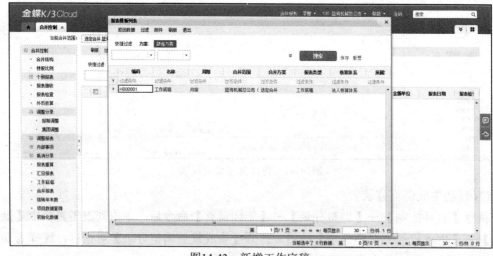

图14-43 新增工作底稿

双击记录打开报表客户端,在【数据】页签单击【重算表页】按钮,获取个别报表数据、调整分录数据、抵消分录数据,并计算得到"汇总数"和"合并数",如图14-44

所示。

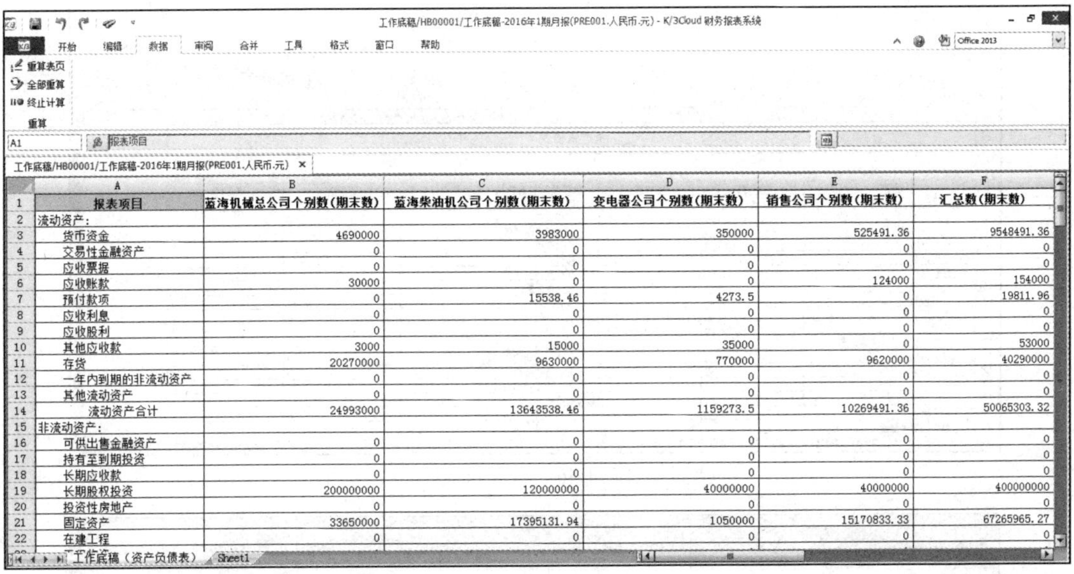

图14-44 工作底稿

(2) 编制合并报表

执行【合并控制】—【合并报表】命令，新增合并报表，"报表模板"选择合并报表模板，单击【确定】按钮返回列表界面，如图14-45所示。

图14-45 新增合并报表

双击记录打开报表客户端，在【数据】页签单击【重算表页】按钮，如图14-46所示。

(3) 数据查询

执行【财务会计】—【合并报表】—【查询分析】命令，选择【合并构成分析】，录入过滤条件，如图14-47所示。

合并构成分析中可以查询固定样式报表的汇总数和合并数，如图14-48所示。

资产	期末数	年初数	负债及所有者权益（或股东权益）	期末数	年初数
流动资产：			流动负债：		
货币资金	9548491.36	9380000	短期借款	0	0
交易性金融资产	0	0	交易性金融负债	0	0
应收票据	0	0	应付票据	0	0
应收账款	-27668170	60000	应付账款	-27736170	40000
预付款项	19811.96	0	预收款项	0	0
应收利息	0	0	应付职工薪酬	0	0
应收股利	0	0	应交税费	40393.14	0
其他应收款	53000	6000	应付利息	0	0
存货	40290000	40540000	应付股利	0	0
一年内到期的非流动资产	0	0	其他应付款	40000	0
其他流动资产	0	0	一年内到期的非流动负债	0	0
流动资产合计	22243133.32	49986000	其他流动负债	0	0
			流动负债合计	-27655776.86	40000
			非流动负债：		
非流动资产：			长期借款	0	0
可供出售金融资产	0	0	应付债券	0	0

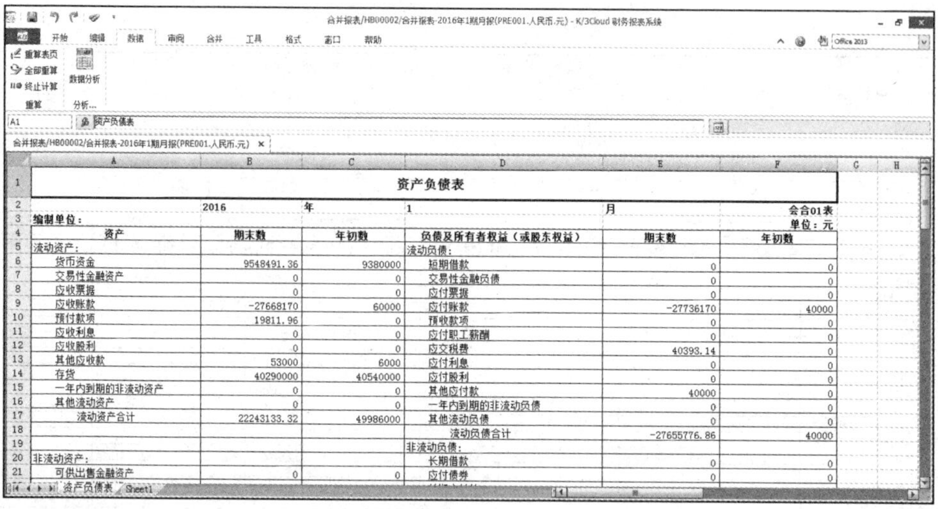

图14-46　合并报表

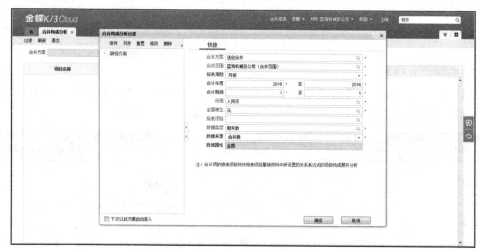

图14-47　合并构成分析过滤

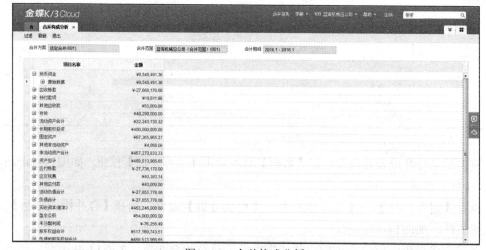

图14-48　合并构成分析

在查询分析界面的【项目数据查询】页签中可以查询固定样式个别报表的数据，如图14-49所示。

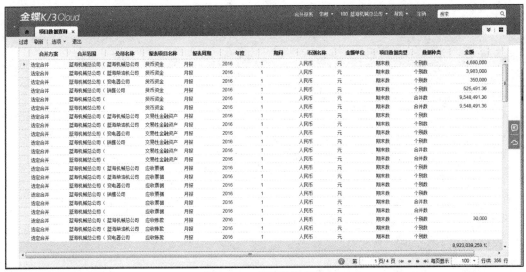

图14-49　项目数据查询